Middle-Level Leadership

中层领导力

落实到位的关键

钱钱◎著

中华工商联合出版社

图书在版编目（CIP）数据

中层领导力：落实到位的关键／钱钱著 . -- 北京：
中华工商联合出版社，2017. 6
ISBN 978 - 7 - 5158 - 2032 - 3

Ⅰ. ①中… Ⅱ. ①钱… Ⅲ. ①企业领导学 Ⅳ.
①F272. 91

中国版本图书馆 CIP 数据核字（2017）第 142305 号

中层领导力：落实到位的关键

作　　者：钱　钱
责任编辑：吕　莺　张淑娟
封面设计：信宏博·张红运
责任审读：李　征
责任印制：迈致红
出版发行：中华工商联合出版社有限责任公司
印　　刷：三河市宏盛印务有限公司
版　　次：2017 年 9 月第 1 版
印　　次：2017 年 9 月第 1 次印刷
开　　本：710mm×1000mm　1/16
字　　数：161 千字
印　　张：14.75
书　　号：ISBN 978 - 7 - 5158 - 2032 - 3
定　　价：39. 90 元

服务热线：010 - 58301130
销售热线：010 - 58302813
地址邮编：北京市西城区西环广场 A 座
　　　　　19 - 20 层，100044
http：//www. chgslcbs. cn
E-mail：cicap1202@ sina. com（营销中心）
E-mail：gslzbs@ sina. com（总编室）

前　言

在企业或机构中有这样一类人：

他们要冲锋陷阵，不带一兵一卒地创建分支机构，从设施的置备到与客户洽谈都要披挂上阵，冲在一线；

他们还要坐下来设计表单，制定制度，率领和指导员工，为员工制定目标下达任务，引导员工融入企业团队；

他们更要将分支机构做到一定规模，使业务蒸蒸日上。这时他们已经成为该分支机构的精神领袖，为团队确定发展的目标和方向，为企业或机构的发展提供精神动力。

这样的一群人在世界范围的大型企业中广泛存在，说他们是企业发展壮大的核心力量并不为过。沃顿商学院管理学教授莫里克（Ethan Mollick）曾说过这样一句话：请重视公司的中层管理人员，因为和其他任何部门或人员相比，他们对公司的运营有着更大的影响。

很多杰出的管理大师、企业家都是从这群人中走出来的，从发展的观点看，可以把他们定为未来的精英。精英的成长并不是一个自然成长的过程，我们常说某某企业出了多少人才，谁谁都是某企业出来的，可是我们却往往忽略了这些企业对中层管理者的培养与塑造。

就一个企业而言，中层管理者是企业执行力的核心。企业的中层管理者是企业战略的承载体，他们执行能力的强弱直接决定了企业战略的实现程度。

我们常常看到这样一种现象：很多企业制定了清晰的战略，但是真正能够实现的却寥寥无几。这种现象的出现，很大程度上是因为其中层管理者在能力和态度上达不到战略的要求，或者企业的管理方式有问题，使企业找不到足够多符合要求的中层管理者。令人遗憾的是，很多企业不是去检讨自己在管理上出了哪些问题，在人力上有哪些不足，而是简单地修改战略了事。

我们也常常看到这样一种现象：目标提出了，决策做出了，任务下达了，结果却难遂人愿，或者不了了之，或者问题重重。管理混乱、效率低下、没有凝聚力成为这类组织的共性。

症结在哪里呢？在于落实！在于目标与结果之间因落实不力所造成的那道"鸿沟"！

那么，企业应该如何改善呢？这个问题就是本书的核心：中层管理者对企业战略的落实能力。

在本书中，一个鲜明的观点跃然纸上：决策执行的关键在于中层管理者的落实程度。

　　本书从多个角度分析了中层管理者对于决策落实的重要程度，诸如中层管理者的人格特点、中层落实的保障体系、目标设定与监测机制等；同时提出了建构中层落实决策的软件、硬件、人力资源的通道；并为提高企业中层决策落实的效果提供了有效的细节操作办法。

　　当然，本书在创作过程中难免会有疏漏之处，恳请读者给予批评指正。让我们能够为企业的健康发展共同出一份力。

作　者

目 录

第一章 落实到位的关键角色——中层

在管理实践中，"落实"是个使用频率很高的词。我们常常看到这样一种现象：目标提出了，决策做出了，任务下达了，结果却难遂人愿，或者不了了之，或者问题重重。于是，管理混乱、效率低下、没有凝聚力便成为这种现象的共性。症结在哪里呢？答案是中层！

第二章 落实不到位问题的源头所在

当下属没有按要求完成某个目标或者某项具体任务时，作为中层管理者，大可不必埋怨下属，而应该首先检讨一下自己，从根源上查找落实不力的原因。因为，如果你自己的脑子里没有绷紧"落实到位"这根弦，就不要指望具体实施者落实到位了。

第三章　落实到位的硬件通道

这里所说的"硬件通道"，好比人体里的动脉、静脉、毛细血管等，是企业管理系统中一些有形的要素，如组织结构、薪酬设计、绩效评估、奖励与惩罚等，是从目标、任务这个起点，通过落实到达结果这一终点的过程中看得见的"站点"。硬件通道的建设是使目标、任务得以落实的基础性保障。

第四章　落实到位的软件通道

这里所说的"软件通道",好比人体里的经络、穴位和神经系统。放在企业管理系统中,体现的是一些无形或更深层次的要素,像工作习惯、上下级关系,以及理念、信念、行为规范等,这些也是很重要的落实到位条件。

第五章　落实到位的人员通道

任何工作的落实都是由人来完成的。重视落实,必须打通从上到下的人员通道。从领导者的人才观念、人力资源部门的选聘中层标准、员工的培训到运营过程中人与工作的结合,落实的"接力棒"必须依靠每一级的努力才能送达终点。

第六章 落实能否到位的三个具体问题

落实是一个系统工程，不仅仅是命令与执行的问题，它必须以目标愿景为起点，以成效为依归。一个企业的规模越大，落实的层次就越多，中层落实到位的阻力就越大。落实过程牵涉到管理、实践的各个层面，如果要对"落实不力"这一顽疾"动真格"的，中层管理者就应该做好准备，以应付复杂的局面。

第一章

落实到位的关键角色——中层

在管理实践中，"落实"是个使用频率很高的词。我们常常看到这样一种现象：目标提出了，决策做出了，任务下达了，结果却难遂人愿，或者不了了之，或者问题重重。于是，管理混乱、效率低下、没有凝聚力便成为这种现象的共性。症结在哪里呢？答案是中层！

一、中层是执行过程中不可或缺的一环

在企业的很多人看来，"落实到不到位"仅仅是管理的一个片断或一个环节，而且与"制定战略""为企业的发展指引方向"等工作比起来，"落实是否到位"显得无关紧要。尽管有相当多的企业实施完美的计划时在落实到行动上"跌了跟头"，但这些企业的领导者们依然固执地认为错误出在那些负责"落实"的中层身上——是中层把事情弄得一团糟的，而中层又认为是员工的责任。

其实问题的根源并不一定在落实者——中层或员工身上，因为，他们在面对相当多的与"落实"有关的工作时常常是无能为力的。"落实到位"并不像说出来那么简单，它是一个涉及整体的问题，是一个有规划、有目标、有操作性的问题，是一个自上而下的问题，是一个强调协作问题，而不是一个具体的、简单的，一切都可以由中层或最普通的员工操控和掌握的问题。

1. 透视落实到位的战术目标点

实际上，落实到位的管理要义在于：任何企业决策和经营的过程就像一个圆，而落实到位是这个圆中最为关键的一点。从管理流程的角度来看落实到位的问题，我们会发现，落实者必须从整个管理系统的角度出发，确保企业整体的利益和整个管理流程的良性循环，这样才能跳出局部式管理，避免脱节现象发生，防止管理流程的链条断裂。

所以，从管理流程来看，首先，必须把落实到位当作一个系统的问题，落实者必须具有整体思维，以保证管理流程得以正常运行。

其次，从落实者的工作本身来看，落实到位也应该被看作是一项系统工作。落实到位是实现目标的具体途径，是把战略计划同具体行动联系到一起。要想取得好的落实效果，就必须保证落实的各个环节都处于最佳状态。比如，战略计划必须严格根据企业的实际情况做出；组织机构应该处在一种既有利于员工朝着预定的目标竭尽全力实施，又使员工受到激励并拥有高昂奋斗热情的状态，等等。这些直接决定着落实到位的效果，而要想解决这些问题又必须从整个企业的角度出发，用一种系统的方法去解决，否则就无法取得理想的效果。

再次，落实到位还关系到企业经营和营销的一体化，主要包括经营风格、产品定位、品牌化、占有率等一系列相关的问题。对于企业来说，这些问题都不是孤立的或可以简单地做出判断的问题。在处理这些问题时，决策者必须从企业长远发展的角度思考，进行资源的合理配置，从而实现落实到位的可持续性发展。

概而言之，把工作落实到位是一项几乎涉及企业所有方面和环节的重要工作。在实施落实行动时，必须把它当作一项系统工作加以考虑，否则无法取得最佳的效果。

2. 落实到位能力体现一个企业的综合素质

中国的海尔公司是一个以落实为管理导向、落实到位能力很强的企业，被称为世界"白色家电"第一品牌，连续9年蝉联"中国最有价值品牌"的榜首，这与海尔具备的综合素质高有很大关系。截至2011年，海尔在全球建立了29个制造基地、8个研发中心、19个海外贸易公司。

海尔公司的总裁张瑞敏独创的OEC管理法，是海尔发展壮大的基础。OEC管理法，即全面质量管理法，最重要的一个原则是"三全"原则，即全面的、全方位的和全过程的。在这个管理过程中，张瑞敏采取了日清管理方式，即把所有的目标分解到每个员工身上，每个员工的目标每天都有新的提高与增长，这样就可以使整体目标有条不紊地朝着落实到位的方向前进。

海尔的每个员工都有一张"三E卡"，所谓"三E卡"，就是每天、每件事、每个人（即英文"Everyday、Everything、Everyone"的缩写），每个员工做完一天的工作后，必须填写这张卡片，填写完之后，他的收入就跟这张卡片直接挂钩。这张"三E卡"，使公司把整个的工作目标分解、落实到每个人身上。比如，某种冰箱的制造共有156道工序，将156道工序落实到每个人身上，这就使得整个产品制造能够保证是优质的。当然，海尔选择员工，优秀的个人素质也是关键。海尔认为，只有优秀的员工才能生产出优秀的产品。

总体上看，OEC管理法是由三个基本框架构成的，即目标体系、日清控制体系和有效激励机制。这三个体系形成了一个完整的管理过程：首先由目标体系确立目标；然后由日清控制体系来保证完成目标的基础工作；为了使基础性的工作能够朝着对企业有利的方向运行，必须对日清控制体系的结果进行激励或惩罚，这便是有效激励机制所要达到的目的。

目标体系体现了企业的发展方向和要达到的目的，是企业做好各项工作的指南。目标提出的高度必须依据市场竞争的需要，若是低于竞争对手那就毫无意义。1984年，海尔生产冰箱时几乎是全国最后一家冰箱定点生产厂家，在落后的情况下，海尔审时度势，根据自身实力和市场竞争的需要，提出了"以质量取胜，走争创名牌的道路"，确定了争"中国第一冰箱"的目标，并在全厂形成共识。经过全厂员工艰苦的创业，海尔终于在1988年夺得全国冰箱行业的第一块金牌。随即，为了谋求进一步的发展，海尔又确定了创国际名牌的目标，并取得了显著的成绩。

日清控制体系是目标体系得以实现的支持系统。因为目标在落实到位过程中会受到很多因素影响，特别是一些本来极易排除而未能及时处理的小问题和事故隐患，长期积聚下来就会成为积重难返的大问题，以致严重影响目标的实现。而目标得不到实现，又会反过来影响员工的工作热情和干劲，导致企业管理流于形式。有了日清控制体系，就可以促使每人、每天对自己所从事的每件事进行清理、检查，有效地保证实现目标，做到"日事日毕、日清日高"。海尔集团之所以取得今天这样的成绩，与日清控制体系有很大关系。中国质量万里行促进会曾在一次"明察暗访"后宣布："海尔堪称中国式服务典范，我们共在48个城市抽查海尔8类产品，全部合格。"

有效激励机制使海尔人达到了自主管理和自觉状态。它是日清控制体系正常运转的保证条件。海尔在激励政策上坚持两个原则：一是公开、公平、公正，通过"三E卡"可计算出职工的日收入状况，不搞模糊工资，使员工对工作中的"所得所失"心中有数，心理上感到相对公平；二是有合理的计算依据，如海尔实行的"点数工资"，就是从多方面对每个岗位进行测评，并且根据工艺等条件的变化不断进行调整。

OEC管理法的具体形式和内容表现为"三本账"和"三个表"。

"三本账"指公司管理工作总账，分厂、职能处的管理工作分类账和员工个人的管理工作明细账。"三个表"指日清表、"三E卡"和现场管理日清表。

张瑞敏的OEC管理法可以概括为五句话：总账不漏改，事事有人管，人人都管事，管事凭效果，管人凭考核。

OEC管理法的实施给海尔集团的发展带来了明显的效果。第一，提高了海尔集团管理的精细化程度，截至2011年，海尔全球员工总数超过6万人，其影响力随着全球市场的扩张而快速上升，落实力达到了及时、全面、有效；第二，提高了流程控制能力，"人单合一"、速战速决的工作作风得到进一步提高和发扬；第三，形成了对不同层次、不同侧面均有激励作用的激励机制；第四，培育了高素质的员工队伍，使"日清工作法"取得了最大效果，成为"日日清"工作得以全面落实到位的基础。

海尔的OEC管理法无疑是卓有成效的，并引起了国际管理界的高度重视，已有美国哈佛大学、瑞士IMD国际管理学院、日本神户大学等专门对此进行案例研究。

当然，海尔的管理模式不一定适合所有的企业，海尔的管理模式之所以在海尔得以产生巨大的管理效益，是以企业从总裁到中层到普通员工，以制度的制定完善到分解、细分等这些企业的综合素质为基础的。

3. 落实到位能力与中层管理者的关系

对中层这一特定的管理阶层而言，工作落实到位能力主要体现为一种总揽全局、深谋远虑的洞察力，一种不拘一格、突破局限的思维方式，一种切合实际地设定目标并坚定不移地执行的态度，一种雷厉风行、快速行动的行动力，一种勇挑重担、敢于承担风险的工作作风。

1899 年，乔瓦尼·阿涅利与他人联手创办了一家汽车公司。1906 年，阿涅利将公司命名为意大利都灵汽车制造厂，后来改制为股份公司——菲亚特公司。

1949 年，阿涅利的孙子贾尼·阿涅利被指定为菲亚特公司的副董事长，1966 年，被正式推举为菲亚特公司的董事长。在阿涅利的领导下，菲亚特公司发展迅速，旗下的菲亚特汽车公司成为意大利最大的汽车制造公司，也是世界上最大的汽车公司之一。

但是，在 20 世纪 70 年代前期，国际汽车市场疲软，在意大利国内工资提高、物价上涨等情况的冲击下，再加上公司内部出现了管理问题，菲亚特汽车公司经历了历史上最不堪回首的日子，公司连年亏损，在世界汽车生产商的排名榜上连续下跌。此时，菲亚特公司的决策层中有不少人力求甩掉汽车公司这个沉重的

"包袱"。消息传出后，菲亚特汽车公司上下一片恐慌，大家都不知道哪一天公司就会被卖掉或解散。

1979年，贾尼·阿涅利任命47岁的维托雷·吉德拉出任菲亚特汽车公司总经理。吉德拉上任后，深入到最基层，通过与员工沟通交流，找出了公司的弊端所在。接着，他对症下药，拿出他的"三板斧"。

第一"板斧"，是精简。吉德拉关闭了国内的几家汽车分厂，淘汰冗员，职工总数一下子减少了1/3，由15万人降至10万人。此次机构改革的另一个重点是对菲亚特汽车公司的海外分支机构进行调整。这些海外分支机构数量众多，但绝大部分效率低下，所需费用却很庞大，经常是入不敷出，成为公司的沉重"包袱"。吉德拉毫不犹豫地撤掉了大部分的海外分支机构。他停止在北美销售汽车，还砍掉了设在南非的分厂和设在南美的大多数经营机构。然而，吉德拉的"精简高效"决策遇到了强大的阻力。菲亚特汽车公司的员工人数在意大利首屈一指，曾被称为"解决就业的典范"。此次裁减人员的数量如此巨大，自然引起了各方面的议论，但吉德拉丝毫不为所动，坚定地完成自己确立的计划。

吉德拉的第二"板斧"，是对生产线的改造。吉德拉通过在工厂的实地调查，认为公司技术落后、生产效率低下是造成公司陷入困境的重要原因。吉德拉大胆采用新工艺、新技术，利用计算机和机器人来设计和制造汽车。根据计算机的分析，汽车的部件设计和性能得到充分改进，更为科学和合理，劳动效率也随之提高。新工艺、新技术的采用带来的另一个成果就是公司的汽车品种和型号大大增多，更新换代的速度大大加快，使得菲亚特汽车的市场竞争能力得到增强。

吉德拉的第三"板斧"，是对汽车销售代理制的改革。过去，菲亚特汽车的经销商不须垫付任何资金，而且在销售出汽车后，也不及时将货款返回公司，占压挪作他用。这使得公司的资金周转速度缓慢，加重了公司的困难。吉德拉对此做出了一项新的规定：凡经销菲亚特汽车的，必须在出售汽车前支付汽车货款，否则不予供货。此举引起了汽车经销商的强烈反对，但吉德拉始终坚持己见，结果有1/3的菲亚特汽车经销商被淘汰出局，其余的经销商都接受了这一新规定。这大大提高了菲亚特汽车公司的资金回笼速度，减轻了公司的财政困难。

在吉德拉的领导和主持下，菲亚特汽车公司经过一系列改革，成效显著，重新焕发了活力。

吉德拉在着手改革时，面对一个病入膏肓、举步维艰的企业，丝毫没有惧怕改革的阻力。因此，对肩负重任的中层管理者而言，落实到位能力与其领导力的关系，就体现在是否具有看清问题实质的眼光、是否具有克服困难的勇气和魄力、是否具有执行重要问题的特殊手段等，这些都是中层管理者工作落实到位能力的具体体现。从吉德拉的成功案例中，我们也许可以体悟得更加深刻。

二、督管不力——落实不到位中层的典型表现

1. 谁挖掘了落实不到位这道"鸿沟"

在实际工作中，落实不到位是一种常见现象，表现为上下级沟通不清楚，落实者之间互相扯皮、互相推脱，还有的找各种借口等。"落实不到位"像一道鸿沟，它把具备高效的落实文化、具有真正成长潜力的企业与那些效率低下或只是表面繁荣的企业从本质上区别开来。那么，到底是谁挖掘了这道对很多企业来说或者在思想上或者在经营实践中似乎不可逾越的"鸿沟"呢？

对于很多企业而言，最麻烦的一个问题就是一种标准的贯彻或者一种规章制度的要求，今天达到了，明天可能就达不到。比如说要求你将桌子擦干净，今天你擦干净了，明天就差点儿，后天可能就不擦了。因此中层管理者必须不停地要求，"反复抓，抓反复"。在这一现象里，落实似乎只是普通员工的问题，但实际上，从更广阔的视角看，这一"顽疾"早已附在很多企业的机体里。

托曼曾是美国著名的施乐公司的总裁，是一位颇受尊重的战略家。他自从担任公司总裁之后，便为公司制定了新的发展目标：将软件、硬件和服务结合起来，帮助客户整合纸面文件和电子信

息流，并着手与微软和康柏这样的公司建立合作伙伴关系以建立新的系统。

对于一家非常需要新战略的公司来说，托曼的这一系列举措带来了巨大的影响。在1999年的年度会议上，托曼亲口告诉股东们："公司已经做好充分准备，一个新的成功时代就要来临。"同时他还预测，来年的收益将达到5~10个百分点。投资者们对此也抱有很大信心，施乐公司的股价因此一路上升。

但战略计划毕竟不是现实，托曼制定的目标远远超出了该公司的实际能力，落实起来存在着极大的障碍。比如，托曼提出的两个至关重要的方案，其中一个是将公司的90多家管理中心合并为4家，另一个是为施乐公司组建一支3万人的销售大军，由原来的以地区为单位进行销售转变为以行业为单位进行销售。

这两个方案就本质上来说都非常正确，也是非常重要的，对企业来说也是非常有必要的。因为，合并方案将大大削减成本，提高效率；而销售队伍的重组将为施乐公司转向为客户提供解决方案铺平道路。但在实施合并方案的过程中，由于人员调动较大，制度不完备，上下级人员不明确，导致出现了订单遗失，甚至服务电话也无人接听的状况；而人数庞大的销售代表们由于无明确引导，被迫花很多时间去适应新的工作方式，就好像进入一个新的组织一样。

于是，整个公司的士气开始低落，投资者们也开始对施乐公司的财务状况失去信心。股票价格由64美元直线跌落到7美元。2000年5月，托曼被责令辞职。

施乐公司走到这一步，真正的问题在于托曼没能与落实他的战略构想的人进行及时沟通，更具体地说，在于没能根据企业的实际情况与落实队伍及时沟通。另外，过分追求一步到位，也是失败的缘由之一。也就是说，托曼忽略了一个十分关键的因素——如何将目标落实到位，而正是这一源头上的失误导致了其优秀战略计划的失败。

企业的中层管理者应该为企业因落实不到位导致的任何失误或失败承担终极责任。

在一些企业里，中层管理者似乎永远有比目标落实到位更重要的事情要做，在他们眼里，制定目标是上层的事，落实则属于下属的工作范畴，他们只是介于中间位置，出现了因落实不到位导致的问题，也只能由下属承担责任。实际上，真正把落实到位作为管理核心环节的高层们不这么看，他们往往把成功归结于中层管理者对目标落实到位。也许下面这个案例比抽象的探讨更有说服力。

曾被美国《商业周刊》誉为"世界第一CEO"的前通用电气CEO杰克·韦尔奇，正是通过对落实问题的高度关注和始终不懈的坚持，才创造了通用电气公司历史上最辉煌的业绩。

杰克·韦尔奇的信条之一，就是若想改变别人的想法，你自己就得先有对信念一贯的坚持。韦尔奇谈到持之以恒使目标得以落实这一问题时，总是表现得很狂热。因为，他在任何事情上都坚持落实到位：在检验工厂计划时，在决定培训方案是否有效时，在确认机构每一个管理层次是否体现并贯彻公司价值观时，等等。

目标落实到位，对韦尔奇来说，是事业成功的关键一步。

韦尔奇从不重用那些只知道召集会议、制定目标而不付诸行动以求实现目标的经理们。

在通用的经理会议上，韦尔奇强调："要持之以恒、反复锻炼、反复推敲、坚持不懈，不应随便改变主张，不应随便转换话题，也不应朝三暮四。"

对韦尔奇来说，目标落实到位也表现在他对几个关键主题的不断强调与一再重复。这几个主题在公司里不断地被强调，最终深入人心。

每当要落实某个重要的理念或策略时，韦尔奇就会总结一些关键语，这些关键语会出现在各种地方——韦尔奇每年的致股东函里；他对通用董事会的演讲中；他和财务分析师的谈话中，等等。除了这些关键语随处可见，韦尔奇后来还把通用公司的价值观，即把工作落实到位，写在通用员工随身携带的小卡片上。通用的价值观对韦尔奇是那么重要，所以他把它写下来，并发给通用上上下下所有的员工。

但在员工人手一卡之前，韦尔奇认为必须先达成共识，找出员工必须培养的核心价值观——对目标落实到位。韦尔奇说："在通用公司里，没有哪一个人在他们的皮夹、皮包里没带着价值指南备忘卡。它代表了一切，是我们生存的依据。我们送走那些没有价值观念的人，即使他们过去有着不错的成绩。"

按照韦尔奇的要求，管理者不仅有责任去洞悉远景蓝图，而且有责任将目标深入到执行的每一位员工心中，并带领员工将其落实到位。正如通用医用系统事业部主管杰弗里·艾梅尔特所指出的："如果一位领导者想推动变革，他或她应必须全身心地投入。"

2. 落实不到位问题的根源

马克是一家中等规模企业的副总经理。这家公司曾经是行业里的知名企业，但最近几年效益大幅滑坡，公司陷入困境。马克已在这家公司服务了十来年，他从一名普通的业务员干起，一路升到了主管销售的副总经理。这期间，看着企业的衰败，他心里很着急，有不少人"跳槽"走了，也有更好的公司高薪邀他加盟，但他选择了留下。因为他认为自己热爱并熟悉这家公司，一旦有机会，自己定能找到良方扭转乾坤。所以当面对种种问题时，他没有像其他人那样一味地抱怨，而是给予认真的关注和思考，并默默思索解决的办法。

机会终于来了，马克坐上了总经理的位子。他开始根据自己的思路制定企业的全新经营、管理方案。

第一，他制定了公司新的产品战略。公司原有的产品多而杂，他计划培育几个有成长潜力的产品，以"重拳"打开市场。

第二，他要求全公司员工都重视质量问题，减少以前经常出现的退货和客户投诉现象，并为此重新制定了质量标准和相关管理制度。

第三，他进行了大幅度的人员调整，将一些他认为有事业心、有能力的人提拔到相应的岗位上。同时，他还计划向社会公开招聘各方面的人才。

第四，针对以前分配不公、多劳不能多得的现象，他制定了新的分配制度，实行全员绩效工资制，明确了奖惩标准，加大了奖惩力度。

除了上述几点，各种配套的管理制度和改革措施也一个接一个地出台。

对于马克的上任，对于马克制定的一系列制度和采取的一系列举措，公司上下一致叫好，大家的工作热情被重新调动起来，感觉公司又有了希望。马克本人也踌躇满志，他公布的"当年转亏为盈、三年行业领先"的战略规划让全公司的人热血沸腾。他也坚信，这一目标一定能够实现，因为他认为自己已经为这一"重症病人"开出了最恰当的"药方"。

但是，没有等到三年合同期满，马克却被迫辞职了，因为公司的发展远没有达到预期的目标，经过短暂的赢利后，公司重新陷入了亏损的"泥潭"。

决定离开的那天，马克在自己的办公室里呆坐了一整天，不见任何人，不接电话，只是一支接一支地抽烟。他回顾了自己三年来的努力：全身心地投入，无私地管理，正确的方向，精细的目标……他无论如何也搞不懂，最后为什么会是这样的结果？

天快要黑了，马克想避开那些想要表达善意安慰的同事们，没有乘电梯而是从楼道里下来走出办公大楼。快要走出公司大门的时候，他迎面碰上公司传达室的看门人麦克。

一个是离任的公司最高领导，一个是最底层的看门人。之前两人可以说是天天见面，但又几乎没有说过话。就在两人相错而过的一瞬间，麦克止住了脚步，转过身，沉声说道："总经理，你是个好领导啊！"

马克的身子一震，他听出麦克的话是真诚的，绝没有嘲讽的意思。"只是——"麦克欲言又止，望着马克问询的目光，叹了口气："唉，只是落实不力啊！"说完，麦克无奈地摇了摇头，走了。

"落实不力？"马克觉得好像电光石火在脑际一闪：这几个字似曾相识，自己开会时讲过，语重心长地叮嘱过，但，这真的是自己不得不品尝失败之果的主要原因吗？他没有理清失败的原因，但这四个字从一个看门人的嘴里说出来似乎有特别的意义。

目标定位的产品战略？现在看来也很正确呀，可是既定的目标总被调整，周期一延再延。别家的新产品不断上市，大获其利，有的研发简直就是自己的产品创新战略的翻版，但这三年里，公司仍是以自己上任前就发誓要改造的众多老产品苦苦支撑。新产品总也出不来，研发阶段总有阻力，这是不是落实不力？

难道是质量问题？新标准、新措施都齐备了，然而问题不断，目标落实磕磕绊绊。他曾与主管质量的副总和质检部总监多次研究。据他们讲，主要是这些标准和措施要求以目前的技术、设备无法达到。然而不断降低要求后，质量问题同样没有解决，这是不是落实不力？

是员工分配制度有问题？分配制度本身没问题，实施过程也很严谨，内部单位间收入差距确实拉大了，只是大家提出，在最基层的单位，比如班组，个人的差距不要拉得太大，以免影响积极性。自己听取了意见，但好像听说最后并未实施。这是不是落实不力？

没来得及想太多，马克的后背上已渗出了冷汗。尽管他还没有完全想明白，但他已隐约感觉自己触摸到了问题的源头。

马克走了。又有多少个马克在为企业的现状苦恼——似乎企业一切按部就班、运转正常，可又是如此低效，不见成果。

问题好像明摆着，可又像个棉花糖，一指头戳进去达不到底。马克这位总经理的困惑也许能让我们清醒：一个企业有了好的目标、好的制度、好的方案，或者其他更好的东西，这当然重要，有的甚至必不可少，但不可或缺的一样东西——落实到位，是最关键的。因为落实不到位，所有的一切便变得毫无意义。

　　落实不到位是企业管理中一个普遍存在的问题，许多企业老板、管理人员都在不断地谈论它。但事实上，没有多少企业领导真正认识到这一问题的危害性，并为此采取卓有成效的措施。这也是很多企业无法充分发挥自身优势、挖掘成长潜力的根本原因。好的管理者应是一个务实者，应选拔好的中层管理者，全身心投入，脚踏实地，一步一步抓好落实过程，这样才会有滴水穿石的落实效果。

第二章

落实不到位问题的源头所在

当下属没有按要求完成某个目标或者某项具体任务时，作为中层管理者，大可不必埋怨下属，而应该首先检讨一下自己，从根源上查找落实不力的原因。因为，如果你自己的脑子里没有绷紧"落实到位"这根弦，就不要指望具体实施者落实到位了。

一、落实型中层管理者的特点

1. 注重实际，有整体关注意识

一名称职的中层管理者最应该具备的是注重实际、把握现实的能力。

对 20 世纪 90 年代初的 IBM 公司来说，路易斯·郭士纳无异于"救世主"。当时曾经的"最受尊敬的公司"、 "蓝色巨人"——IBM，在日益激烈的市场竞争中风雨飘摇，迷失了前进的方向。几乎所有著名的管理学专家、杰出的管理者们都认为 IBM 需要愿景规划，但郭士纳认为："IBM 现在不需要什么愿景规划，IBM 最需要做的是一系列非常务实的、以市场为导向的、高度有效的落实。"他认为有效的落实是拯救 IBM 的唯一途径。

郭士纳对 IBM 进行了一系列的改革：按原则而不是按程序实施管理，以市场为导向迅速行动，注重解决问题，清除"政客式"人物，严把质量关，谋划竞争战略，开展团队合作，实施绩效工资，重新树立商业道德的价值。他为 IBM 制定了一系列使 IBM 衰落的命运得以扭转的战略。与大多数管理者不同的是，他并没有在为企业制定战略后将目标交给下面的各级经理去实施，而是亲自参与其中的整个落实到位过程，从一开始的调查、讨论，到制定战略、建立机构、选择人员，再到实施、跟踪，然后发现问题又去解决。从郭士纳 1993 年 4 月 1 日接手 IBM 到 1996 年 11 月，IBM 股票升到 145 美元，达到 9 年来的最高点。

郭士纳为 IBM 带来滚滚利润，也为自己挣得不菲的收入，1996 年，他获得了 82.5 万股期权，账面价值 6900 万美元。郭士纳认为，一个合格的企业管理者必须具备明确的业务核心、卓越的落实力以及优秀的领导艺术。

只有中层管理者注重实际、重视落实能力，执行者才会改掉好高骛远的毛病，真正在战略或计划的落实上投入更多的精力。

作为一个管理者，如果打算让你的企业变得卓越并且做到基业长青，如果你想在你的企业里建立起"落实力文化"，你就必须做到两点：第一，你必须要对企业有整体关注，坚持实事求是；第二，确保中层管理者在执行制定的目标时以实际为基础。

对企业整体关注并不容易，因为企业目标在很多时候与"美梦"并不一致，尤其在与其他企业竞争的时候，要做到面对现实就更难了。

因此，要想企业"落实力"出众，领导者就必须了解企业每一天都在做什么，中层管理者在做什么，员工在做什么，工作进展得如何，在实施目标的过程中遇到了哪些问题，现在是否已经找到了正确的解决办法，等等；而了解自己的中层和员工，是一位落实型领导者所必须做的工作。就像郭士纳所说，领导者的关注点对一个机构来说是一个关键性因素，关注点能使管理者集中资源，搞好经营管理。

2. 以身作则，积极参与

作为一名中层管理者，你必须亲自参与到实际的业务当中去，而绝对不能以一种若即若离的态度来落实目标。当你亲自参与某个项目的时候，员工们可能会认为你有点过于干涉他们的工作，但他们会说："至少领导对我们的工作表现出了足够的关注，他已经在这里待了几个小时，提出了一连串我们没有考虑到的问题。"

优秀的员工总是很喜欢落实型的领导，这会让他们感到自己受到了重视，从而产生一种被尊重感，这也是中层管理者对自己员工的工作表示欣赏的一种方式，同时也是对他们辛苦工作的一种回报。通过这种方式，中层管理者还可以与员工建立一种真正诚实的对话关系，使员工与自己可以畅所欲言。

落实型中层和一般中层的一个重要差别就是落实型中层对业务的参与程度高。事实证明，中层管理者对企业的业务参与程度越高，就越能够做出更加明智的决策，并且越能把决策不折不扣地落实下去。

吉姆·基尔特斯在加盟吉列公司之后，就立刻对吉列公司所存在的问题进行了详细的调查——他并不是委托别人而是自己亲自去做。他审查以往的年报、华尔街的研究数据以及业界的评论，并且与吉列的销售人员一起出差，走访商店、视察仓库和制造厂，行程数百公里。此外，他还研究吉列的广告，并仔细阅读消费者的反馈意见。没有人能对他隐瞒什么，因为他对业务了如指掌。

在调查中，基尔特斯发现吉列公司的真实情况比几位高层经理向他描述的境况要糟糕得多：产品层次混乱不堪，太多的亏损产品在无情地吞噬着仅有的几种盈利产品所带来的利润；支出和收入明显失去控制，吉列多年来一直是本行业内付钱最快、收款最慢的公司；没有约束的财务制度；在每个季度末之前，没有人知道公司的状况，供应链管理混乱不堪；各个部门单独采购原材料，并且没有进行采购支出的统计，等等。事实上，在基尔特斯要求各部门进行检查统计之前，各种费用已高达40亿美元。最为糟糕的是，有些不切实际的销售目标逼迫销售人员不得不为保住自己的"饭碗"而牺牲公司的利益——在每一季度快结束时，销售人员都极度恐慌，他们为完成定额，可能会做任何事，比如在交易时提供大幅度的折扣、提供新的产品包装等，使得公司利润严重流失。

基尔特斯了解了真相，于是他采取了最符合实际的行动，结果，效果也是迅速且显而易见的。

要建立落实型企业，中层管理者就必须以身作则，因为，是否这样做将决定目标是否能成功实现。中层管理者唯有身体力行，才能影响下属员工的行为方式朝他所希望的方向转变，从而最终建立起真正有效的"落实力"，并将团队打造成一个落实型组织。

罗先生接手了一家食品厂。经过了解，他发现食品厂竞争不力，是由于产品质量造成的。明确问题方向之后，罗先生开始了他的改进计划。

罗先生避免严厉指责的方式，他认为，这种方式除了在精神上给员工带来沉重压力外，不会有太多的好处，而且这种负面效应会抵消产品质量改进后的相当一部分成果。罗先生采取了温和的手段。他请了广告策划专家，以轻松愉快的形式向员工灌输产品质量意识，使之深入人心，并不断地去加深巩固这种意识，成为员工的自觉意识。不仅如此，罗先生还经常走出他的办公室，就产品质量问题和员工们展开讨论，交换意见，听取员工们对薪酬的建议。同时他还收集了许多质量改进的设想建议。

罗先生的努力终于换来了成果。全厂形成了严格的质量意识，销售额直线上升。

在第二年年末，一名检查员发现了一个问题：正要出厂的罐头是一批深受市场欢迎的产品，但遗憾的是，这批罐头在密封方面存在一定的问题，不符合厂里对此环节的严格规定，发往市场后，有可能因密封不严导致罐头变质。对能否继续发货这一问题，这名检查员犯难了，他把问题写成报告放到了罗先生的办公桌上，等待着罗先生的回答。

罗先生的回答让他感到意外："照发不误。"

以后的事就不用再多叙述了，罗先生就因这简单的一句话毁去了自己的所有努力。他自己订立关于产品质量的严格标准并要求每个人严格执行，可现在，又是他自己违背这个原则做出了错误决定，他失去了在员工中间以身作则、积极参与建立起来的威信。员工们不再相信他的决策了。

其实，当那名检查员把要不要发货的报告呈上来的时候，罗先生就应该清醒地意识到：自己的回答无疑是不行的，制订原则不容易，毁掉它却很容易。罗先生自己搬石头砸了自己的脚。从此，这家食品厂上行下效，员工们认为既然管理者都可以这样言行不一，出尔反尔，自己作为下属，更没必要去遵守那些规章制度。

不可避免的，食品厂的产品质量如江河日下，一日不如一日。而等罗先生意识到了错误，此时再想力挽狂澜已不可能了，没过两年，食品厂宣布破产。

人的道德是个人的原则性，有不坚持原则的领导，就有不自觉的员工。坚持原则的人，会拥有别人最真诚的敬意；守住道德底线，企业、个人都会走上成功之途。中层管理者作为决策把握者，要起到领航的作用。因此，对于讲原则的事，绝不能含糊，要知道，由于一念之差导致的结果，往往有着天壤之别。

二、中层管理者需要勇气、魄力和智慧

1. 中层管理者的情感强度问题

某位执行官是一家著名企业的总裁，手下有两位副经理直接向他汇报工作。其中一位副经理年事已高而且非常值得信任，负责公司60%的业务，对总裁绝对忠诚。但随着年龄的增长，他的能力也开始呈现下降的趋势。这位总裁知道这一点，但就是无法下决心让这位副经理离开岗位。最终，董事会命令总裁给这位副经理转岗。显然，在这个过程中，总裁的权力被架空了。不久之后，这位总裁也被迫离开了这家公司。

这位总裁是一个非常善良的人，也是个非常随和的人，而且他对自己的行业相当了解，但是他缺乏情感强度——他在情感上的脆弱使得他无法调离那位副经理，而这正是导致他失去工作的直接原因。心理学家发现，情感上的脆弱可以使一个人失去采取必要行动，甚至做出正确判断的能力，而这些能力往往是一名领导者所必需的。这种情感上的脆弱会使领导者产生一种尽量避免冲突、延迟决策或责任不明的心理，他们总是不希望不愉快的事情发生。

作为一名带动员工向落实型团队前进的中层管理者，必须具有一定的情感强度，也就是说，要有坚强的性格，要有强者的心态。这一点非常重要。

就像高手下棋一样，能取得最后胜利的一方，都是靠"连杀"而成功的。中层管理者只有具备了一定的情感强度，才有可能有勇气去面对现实，接受来自各方面的不同意见，从而对事情做出正确的判断；才有可能有勇气采取必要的行动，推动团队向前发展。

企业是具有竞争性特点的行业，超级的战略落实并不仅仅是做正确的事，而是必须比竞争对手更快、更高效地去做正确的事。中层管理者除了具备卓越的执行力和真知灼见，有勇气坚定地捍卫自己的信念，也是取得成功的基石。

相反，如果不具有一定的情感强度，中层管理者往往无法面对残酷的现实，特别是他们如果采取躲避的态度、放任的态度，往往会使整个事情变得更糟。尤其是在他们遇到反对意见时，不敢坚持自己的观点，从而可能使一个好的想法半途而废，使人才得不到公正地使用。这些都是一名具有"落实力"的中层管理者应该避免的情况，所以说中层管理者应该具有超强的情感强度。

2. 辞退不具"落实力"者的领导智慧

人是企业的关键因素，但这并不等同于说任何人对企业而言都是不可或缺的。许多管理大师都在警告我们，有些人因为"落实力"不佳，不仅不能为企业发展做出贡献，反而还在悄悄地侵蚀企业的"营养"。这些人在落实过程中充当的是极不光彩的"蛀虫"角色。因此，要毫不犹豫地将这些人进行调换，甚至"清除"！

不具"落实力"者通常都无法完成自己的预定目标。他们不能始终如一地兑现自己的承诺，这也许是由于他们的执行能力没有达到预期的水平，或者是由于其他原因。

小王曾是一个非常优秀的制造部门的工作人员，后来被任命为一家工厂的经理，但一年来的工作实践表明，他根本不能胜任这个职位：他既没有对成本结构进行相应的调整，也没有选派足够的人手来完成运营部门的工作。于是高层领导准备采取措施来解决这个问题。

当然，如果中层管理者并不想解聘小王——他技术优良，而且"人缘"极佳，那么可以把他调换到他业务熟悉的工作岗位上，希望他能够取得新的成功，然后再对他进行下一步安排。

如果小王业务不佳，又没有合适的岗位，中层管理者想解聘小王，也要注意不要犯下列错误，比如，坦白地告诉小王："小王，你被解聘了。你的表现并不能让我们满意，所以我们必须请你离开。"如果这样做的话，小王可能会对领导怀恨在心，对于整个公司的看法也会变得很糟糕——毕竟，他已经在这家公司工作了一段时间，和一些员工及客户或潜在客户都建立了一定的关系。如果他四处散播对高层领导不利的言论，那么事情将变得更加复杂。

中层管理者可以采取另一种方式，即给他打电话，告诉他："你好，小王，我们俩都犯了一个错误。我当初可能并没有向你详细解释这份工作的要求，而你的表现也不能令人满意。我认为我们双方都应该做出一些牺牲来弥补由于我们的过错而造成的损失。

首先，我会让公司给你三个月的薪水，因为这件事我也有责任。第二，如果某人要我推荐你，我也不会对他隐瞒，我会客观地告诉他你只是在某些方面没有达到公司的要求，但我肯定不会造谣中伤你。第三，我会尽量以一种体面的方式让你离开公司。"采用这样的方式，小王可能就会说："经理，我想辞职。我会说是自己希望换一份工作。"

让被解聘员工以一种体面的方式离开自己的工作岗位，是中层管理者强化企业落实文化的一个重要手段。

当然，处理不具"落实力"者并非都如此曲折。有的时候，有些人可能早在你提醒他之前就意识到自己的表现不能令人满意而自动退出。比如有这样一位规划师，他是一个非常和善的人，工作也一直说得过去，但他工作缺乏激情。后来，公司新换了一个领导，在重新分配岗位时，他说："我不喜欢公司目前的这种运营速度，所以我希望能够在年底之前退休。"知道这件事以后，该公司领导对他的坦率表示了赞赏，并且告诉他："明年将是非常严峻的一年，一切都难以预料。我们必须采取措施加快公司的发展速度，所以你的决定是正确的，我们也将很公平地对待你。"

总之，对于那些不具"落实力"，或者有碍企业向落实型组织转变的人，不应让其留任原职，或者调换其工作岗位，或者让其离开，必须果断处理。在这些事情上优柔寡断只会让事情越来越糟，甚至会危及企业的发展前途。

另外，需要注意的是，当中层管理者不得不解聘员工时，让员工以一种体面的方式离开是其必须具备的领导艺术和智慧。

3. 落实三问

一问：中层管理者对于重要目标、决策的落实过程可曾给予特别的关注？

很多中层管理者都认为，作为企业的执行者，他们不应该去从事具体的工作。事实上确实如此，但这种想法是错误的，因为虽然决策之于事业，具有举足轻重的作用，而忽视决策定位，或是始终落实不了的人，是难以完成决策的。执行者不能落实到位，会给决策者乃至整个企业带来难以估量的危害。

因此，对于一个企业来说，它的中层管理者必须全身心地投入到目标的日常运营中去。中层管理者岗位并不只是一个高瞻远瞩的岗位，也不能只是一味地与下属闲谈——虽然这也是他们工作的一部分。中层管理者必须将自身融入企业运营当中，督促下属把目标落实到位，对企业的员工和生存环境有全面综合的了解，而且这种了解不能由任何人代劳。

中层管理者必须亲自运营这三个流程——领导并确定战略方向，挑选战略落实到位执行者以及引导目标运营，并在此过程中督管落实多项计划目标。无论目标大小，一旦制定，中层管理者就应当全程监管目标的落实，解决落实过程中出现的问题，调整需要变化的步骤。

很多人都认为，目标的制定者应是高层领导者。的确，任何目标的确立只有那些实际参与到企业运营当中的领导者才能做到，也只有他们才能拥有足以把握全局的视角，并提出实施目标的可行方案。然而，对于那些关乎战略全局的重要目标、决策，高层领导者的全程关注也必不可少——这种关注和直接、有力的领导决定着中层落实的力度，决定着战略目标的成败。

二问："层层落实"过程中对目标的曲解和层层"打折扣"是什么原因造成的？

我们常常听到这样的议论：目标是明确的，策略是好的，只是一到负责落实的人手上就变了样、走了形。有的中层管理者还不无自得地自辩：你看，这不是领导决策的问题，也不是我中层的问题，而是具体落实者的问题，是下属的水平问题。

在洛杉矶郊外有一片油田，高成本和浪费令这片油田的主人保罗·盖蒂十分头痛，他想找一位具有优秀管理才能的人管理这片油田。经过探寻和观察，他找到了乔治·米勒。米勒对石油业熟悉，而且勤奋诚实，更重要的是他具有卓越的领导才能和务实的管理作风，这使得他能够领导下属完成任务。

米勒欣然接受了保罗·盖蒂的聘用，第二天就走马上任，成了洛杉矶郊外油田的新总裁。米勒立刻深入到油田现场，和员工谈话了解情况，很快就找到了高成本和浪费的根源。接下来，米勒进行了一系列大刀阔斧的改革：按岗设人，处理过旧的设备，改善员工的薪酬方案和福利措施，改进生产作业流程，等等。在米勒的直接领导下，改革很快就取得了良好的效果。米勒与员工们在一起，同吃同住同工作，员工的工作热情提高了，懒散和消极怠工现象减少了，工作效率也提高了，而且"浪费"成了所有员工的"敌人"，如果哪个员工造成了浪费，这个员工就会受到其他员工的敌视。

几个月后，当保罗·盖蒂再次来到这片油田时，眼前紧张忙碌的工作场景令他非常吃惊。他在油田现场找到了米勒，高兴地说："这种繁荣的景象已经好多年没有出现过了。"

一个企业，要想提高落实到位能力，必须首先充实中层管理者队伍。一个领导者，在选拔中层管理者时，不但要看他的业务能力和管理能力，更重要的是要考查他的落实到位能力——能否领导下属完成任务。只有企业的所有管理层级——从最高领导到基层班组长，都具备落实到位能力，都能领导下属完成任务，战略计划才会一层一层逐级落实到位。

任务的有效落实需要任务决策者的密切关注、指挥和调度。这种关注不是对一个人或几个人的要求，而是对完成任务所有人的要求。只有各级领导都对落实保持关注，战略计划才能不折不扣地得到落实。所以，一个真正重视落实到位的管理队伍必须由能够领导下属完成任务的多层人员组成，必须由不找任何借口的领导者带领下属完成。各级管理者只有都具有这样的能力，在落实工作中才能够分清主次，条理有序地指挥下属完成任务。

回到前面提到的问题，层层落实过程中层层"打折扣"原因不言自明。

三问：对落实不力的下属采取行动了吗？

有的员工无法完成预定的工作目标，无法落实自己职责范围内的计划，更无法为企业战略规划不折不扣地落实贡献力量。对这些员工怎么处理？企业必须妥善处理这些绩效差的员工，使他们在实现目标过程中发挥积极的、有益的作用，而不是阻碍落实工作的顺利进行。

每个企业都有自己的规章制度，照规章办事，按制度奖惩，就会使执行力得到保证。当然，企业总有一些"拖后腿"的人，如一些绩效差的人，他们有可能在过去表现得相当优秀，但由于居功自傲或倚老卖老或不学习跟不上企业发展，蔑视企业的制度和决定，不但自己不努力工作、不落实目标，还时不时给自己的下属们（他们通常都处于较高的领导层）"泼冷水"，导致整个部门表现不佳。对这些人，要给予恰如其分的处理，尽可能地把他们调换到合适的工作岗位上，如果别无选择，那么就应果断地让他们离开，因为很差的绩效会成为工作顺利落实到位的巨大阻力。而对绩效差的人如果一味姑息，只会损害企业的"落实力"，降低企业的战斗力，甚至危及企业的发展。

还有些人只满足过一种温饱无忧的生活，他们自认为找到一份稳定的工作，每天总是做着同样的事，领导让干什么就干什么，不是自己的事不插手，庸庸碌碌度日。对这样的人，企业应进行励志教育，鼓励他们与优秀者为伍，激发他们的上进心和进取心，促使他们成为"企业中不可替代之人"。但如果这些人永远甘于平庸，那只能淘汰他们。

三、落实到位的保障体系

1. 确保目标切实可行

一些领导者倾向于制定较高的目标，较高的目标会给各个方面一个较好的心理预期，但必须注意到，如果目标高得超出了执行者的能力，特别是当它与现实脱节时，那就将变得毫无意义，这时的目标只不过是领导者的一个良好的愿望而已。

企业是实业，企业领导者要做的是实事。因此，在制定目标时，领导者要从环境和企业的实际情况出发，决定扩大哪些业务、压缩哪些业务，确定企业的经营结构和产品市场战略。

以发明"脑白金"成名的巨人集团总裁史玉柱，曾立志要做中国的 IBM，要做"东方的蓝色巨人"。那时巨人集团的产值目标定得可谓大矣：1995 年 10 亿元，1996 年 50 亿元，1997 年 100 亿元。

单从数字上来看，确立这样的目标也并非只有巨人集团一家，IBM、英特尔、微软等大公司在快速的成长期也有过每年 50 亿元的增长速度，但问题的关键并不在于数字应该定多少，而在于巨人集团可以做多好。后来的事实证明，这些目标是不切实际的。

不仅仅是产值目标，史玉柱制定的许多目标都是在没有充分考虑企业内外环境下做出的。巨人大厦就是最典型的一例。巨人大厦是史玉柱有生以来最重大的投资失误，他进军房地产业本身就有盲目的成分，而片面追求全国最高的大厦更加大了经营风险。令人吃惊的是，这么大的工程从1994年2月动工到1996年7月，史玉柱竟未申请过一分钱的贷款，全凭巨人集团的自有资金和卖楼的钱支撑。史玉柱还把本来应该用于巨人集团生产运营的资金全部投入到大厦上，结果巨人大厦抽干了巨人集团的"血"，使给企业带来大部分利润的生物工程一度停产，资金链中断。

迅速萎缩的巨人产业迫使史玉柱做出抉择：是继续加高巨人大厦，还是挽救巨人产业？从1996年11月开始，史玉柱不得不控制巨人产业的资金流，不再给巨人大厦"输血"，而是将巨人大厦与巨人产业一刀切断，以此来挽救奄奄一息的巨人产业。但这时为时已晚，在讨债声中，"巨人大厦"轰然倒塌。

巨人大厦是中国现代商业发展史上，因制定目标不符合实际而导致失败的一个极为典型的例子。这个例子告诉企业管理者：目标是不可以凭理想和主观愿望去制定的。任何过高、过急和不切实际的目标，都将对企业产生巨大的危害，不管这个目标是出于多么美好的愿望，听起来多么令人振奋。

事实表明，如果目标超出了能力，是无法落实到位的。不切实际的目标，除了会加大企业的经营风险外，没有任何意义。

2. 目标要具备可落实性

许多企业在制定目标时十分注重目标的明确性和可落实性，但最终他们依然没有达成目标。为什么呢？最主要的原因是他们没有根据环境的变化及时调整目标。环境是多变的，当环境发生变化时，落实就会出现困难，原本正确的目标就可能不再具有可行性了。这时如果不对目标进行调整，那么之前的计划就难以得到落实，企业就无法实现目标，甚至可能遭遇更大的经营风险。

高尔文是摩托罗拉公司创始人的孙子，1997 年，他接任公司的 CEO。

摩托罗拉因在无线和宽带通信领域的不断创新和领导地位而闻名世界。从摩托罗拉发明第一款手机开始，摩托罗拉见证了迄今为止的整个手机发展史。但是 2000 年以后，摩托罗拉的市场占有率、股票市值、公司获利能力连连下跌。摩托罗拉公司本是全球移动通信业的龙头，但那时在全球移动通信市场的占有率却只有 13%。2001 年第一季度，摩托罗拉公司更是创下了 15 年以来的第一次亏损纪录。

是什么原因造成摩托罗拉的衰败？除了全球经济不景气以及大环境的种种不利影响以外，公司 CEO 高尔文应承担一定的责任。

原来，高尔文很少到公司内部了解经营状况，也不常和员工沟通。他经常一个月才和高级主管开一次会，在写给员工的电子邮件中，谈的尽是如何平衡工作和生活之类的话题。

当摩托罗拉准备推出一款叫"鲨鱼"的手机时，在讨论进军欧洲的计划会上，高尔文问："市场资料真的支持这个决定吗？"行销主管回答"是"，于是高尔文便拍了板。但市场销售却令行销主管和高尔文大吃一惊。随着文化理念的变革，欧洲人更喜欢轻巧、简单的机型，而"鲨鱼"却太厚重了，结果"鲨鱼"手机在欧洲市场节节败退。

"鲨鱼"事件中，高尔文对预定目标进行调整方面的乏力暴露无遗，但他并没有吸取教训，仍然保持着对实际情况变化的"后知后觉"，最后就出现了无法实现目标的结果。

一个中层管理者，在执行落实任务时，如果不能随时了解实际情况，并对目标给予适当的调整，目标就根本不会达到。当然，当意外情况发生时，中层管理者也不能一律以降低目标处理，最关键的是找到问题的重点并加以解决。

某家电子产品公司对其生产的微型印刷电路板要求很高，制定了质量合格率目标，以提高产品质量和顾客的满意度。

有一次，该公司生产的微型印刷电路板质量突然下降了。公司领导约翰知道后马上来到生产车间，与工人们一起查找产品质量下降的原因。

经调查，工艺、设备及人员操作方面都没有出现错误。而且不合格产品的出现很有规律，周一早上不合格产品最多，周一下午数量慢慢下降，到周二下午就不再出现不合格产品了。但他们始终找不到产品质量下降的原因。

为什么周一早上生产的产品不合格率高呢？带着这个问题，约翰几经查找，终于查到不合格的产品是由自来水引起的。

原来，产品生产过程所用的水需要高度净化，对纯度要求很高。在此之前，公司换过一些功能不好的水龙头开关，而这些新换的开关是硅质材料制造的。在周末放假期间水停留在水管内，硅质材料便溶解到水中，从而使水质恶化。周一早上生产时，打开水龙头以后，在水管内停留了一个周末、被硅质材料污染了的水，便立刻流进了印刷电路溶解槽内。故周一早上的不合格产品多，到了周二，这些受污染的水已经完全用完了，所以周二以后就不再出现不合格产品了。

问题的原因找到后，该公司更换了那批不合格的水龙头，产品的合格率又达到了质量合格标准。

有时，无法完成预定的目标，未必是因为目标制定得不合理，而是企业内部潜在的问题阻碍了目标的达成。所以，落实者在未能完成目标时，要先了解实际情况，积极找出问题并加以解决。

在上面的案例中，如果约翰不是积极地寻找问题而是降低产品的质量合格率目标的话，一方面产品质量无法保证，另一方面迅速增加的成本也会让公司不堪重负。显然，这对公司是极其不利的。

四、让下属参与决策

1. 计划制定不只是中层的事

应当由谁来制定计划？有的管理者自己着手制定全部的战略计划，让下属完全按照计划去落实；有的管理者干脆把所有的规划工作都交给下属去做，然后让他们按照自己制定的计划去做。在这两种情况下做出的决策都不会很理想。因为，管理者毕竟不如落实者对组织的实施能力和市场的实际情况更为了解，如果战略决策不让落实者参与，最终制定出来的计划可能就难以付诸实施；而如果完全让落实者去制定战略计划，管理者放手不管的话，也会出现矛盾。一个企业的业务部门如果更多地考虑本身的利益，不能真正从整个企业的大局出发，这样的战略计划很可能会以损害其他部门的利益或者企业的长远利益为代价，而且会使企业矛盾激化，削弱企业的整体能力。

所以，一份优秀的战略计划应当是由领导者制定出最核心的部分，也就是发展方向，具体的行动计划则应当由中层管理者带领下属完成。让落实者参与制定战略计划，可以帮助他们更深刻地理解企业所面临的环境，增强分析、判断能力，并且通过开放式的对话，加深他们对战略计划的共同认识，从而在落实到位的过程中同心协力，增强团队的凝聚力。

IBM 公司的前任总经理郭士纳每逢要做重要决策时，总是寻找那些负责落实的人员收集信息，然后分析判断，做出方向性规划，再和大家一起制定战略。

例如，郭士纳在意识到 IBM 的服务将可能成为其主要竞争优势的时候，立刻去找 IBM 的"整合系统服务公司（ISSC）"的负责人丹尼了解情况。丹尼给了他很好的信息和建议，同时也告诉他向服务转型的难度：大服务战略既与 IBM 的传统销售观念相左，又会给财务管理体系造成困难。郭士纳经过慎重思考，还是决定公司向服务转型，但鉴于 IBM 的具体情况，他采取了保守的步骤。事实证明，郭士纳的决策是正确的。

郭士纳还打破了 IBM 森严的等级观念，直接用电子邮件与员工通信，了解客户的需求。每当做出重要决策时，郭士纳总是与有关落实人员进行充分的讨论，坚持"服务和技术两手抓，让 IBM 公司全面发展"，他常说："只要有助于解决问题，大家就要一起商量。我对技术并不精通，我需要学习。"

郭士纳在接手 IBM 时并不懂计算机技术，也不了解这个行业，但他通过自己的行动和强硬的言论力量扭转了 IBM。他所制定的战略计划具有可行性，尽管后来遇到了许多困难，但都顺利解决了，最终赢得了战略计划的成功。

从未涉足 IT 业的郭士纳，仅用两年时间就摘去了 IBM 亏损的"帽子"，而且在随后十年间，成功地将 IBM 从制造商改造为一家以电子商务和服务为主的技术集成商。

2. 下属参与决策的四个有利方面

有下属参与的决策也可以说是给具体落实者部分权力，这样做不但可以有效减少战略失误，而且还更加有利于战略计划的有效落实。

第一，由于战略计划是由具体落实人员共同商讨制定的，这就可以避免中层管理者及其下属由于不理解战略计划的内涵而导致落实失误。这种落实失误在高层领导者制定所有战略后又未进行充分沟通的情况下是很容易发生的，是相当多的企业没有把纸上的战略计划变成实际行动的重要原因。

第二，由于中层管理者及其下属参与了战略计划的制定，所以对于执行落实计划会产生强烈的成功渴望，就像人们总是会做自己所参与决定的事情并力求取得自己所希望的结果一样。如果落实人员对于战略计划的落实怀有强烈的渴望，落实工作就一定会不打折扣地完成。

第三，由于高层领导只负责指明方向，具体的行动方案是由中层及其下属自己操控的，所以落实人员参与计划制定会更加切合实际。比如，企业打算占领某一新的市场空间时，如果一切决策都由高层领导做出，那么他很可能会把产品的价格定得过低，或把销售人员的销售定额定得过高。而如果把这些具体策略交由具体落实的人员去做的话，他们就可根据市场的实际情况做出更加合理的行动实施方案。

给具体落实人员一点儿权力，对于他们及时解决落实阻碍、顺利落实工作、应付突发事件十分有利。

美国一家航空公司在制定为客户提供最贴心的服务这一战略计划的同时，还给了服务于第一线的员工一些处理紧急事务的权力。一天，公司总部接到一位分部经理打来的电话，报告那个飞机场的乘客行李传输带不能工作了，那位经理说："我们已经采取了一些应急措施，现在现场状况良好，乘客并不需要等待太长时间就能拿到行李，员工们已经累得满头大汗了，所以我们请求公司总部能迅速派两名技术人员来帮我们对行李传输带进行维修。"

显然，这家航空公司下放给下属的权力发挥了很好的作用。但在很多企业，往往是大公司，高层领导在全权制定了一项战略之后就不得不守在电话旁，因为落实者总会打电话说："很抱歉，我们按您说的去做了，但实际结果相当糟糕，我们不知道该怎么办，请您作出指示。"可想而知，这样的战略落实的最终结果会糟糕到怎样的地步。

第四，由落实者参与制定战略计划有利于企业文化的培养和树立。让落实者参与战略计划的制定，可以帮助他们更深刻地理解企业的处境，而且他们在为具体的行动制订方案的过程中，不但能力得到了最大限度的发挥，而且思考变得更具战略性，因为他们必须回答像如何在行动中发挥组织的特长、如何用最简捷的方法取得预期的目标等问题。在这个过程中，他们会不断加深对战略计划的认识，从而在落实的过程中同心协力，增强整个团队的凝聚力。

在移动通信的全球领先者之一——诺基亚公司里，如果一项决策在制定的过程中没有具体的落实人员的参与，那么这项决策是不会得到实施的，因为这种做法是违反公司规定的。总裁奥利拉说："我们没有把诺基亚当成一个只有少数几个精英才能说话而其他人只能循规蹈矩地听着的地方。"公司每制定一项计划都必须有落实人员在场，并且允许他们发表自己真实的想法和观念。一项计划只有完全得到落实人员的同意和赞成了，才能被确定下来，然后相关的负责人才能进一步制定计划，并委派专门的小组负责。每一个员工在落实过程中发现计划存在失误时都有权提出异议，并做出适当的修改。

米切尔是诺基亚在福特沃斯分厂的生产经理，他在数目庞大的诺基亚全球员工中只是一个"小芝麻官"，但他说："诺基亚从不像其他的大公司那样官僚习气严重，它是独特的，在具体落实一项计划时，上司从不规定你必须用什么方法去做，每个小组都有完全的自由决定权。除了某些必须共同遵守的标准以外，你可以自行决定具体的行动方案，只要它是符合事实，有利于预期目标的实现。"

在诺基亚公司，不仅基层管理者从不强迫自己的下属按照自己的行为方式做事，公司的最高层领导，包括总裁兼首席执行官奥利拉也从不武断地做出决定。非技术出身的奥利拉，在说到WCA-MA、GPRS、HSCSD或其他专业术语时，总会谦逊地和其他对技术不在行的高层管理人员往后站，即使是在公共场合也是如此，而让那些技术专家自由地侃侃而谈。"我们总是让最了解情况的人做决定。这是诺基亚制定战略和做出决策的最高指导原则，也保证了诺基亚战略的正确性和有效落实。"正是由于这种对"最了解情况的人"的尊重和赋予其权力,诺基亚才形成了强大的团队精神和凝聚力,保持了企业的活力和卓越的"落实力"。

附录:"群策群力"的管理模式

"群策群力"的管理模式是通用电气公司创立的,实质上是疏通内部意见的程序,其宗旨是使包括最高经营者在内的全体员工提出各自的困难,集思广益,寻求共同的解决方法。最终的目的是让各部门的各级成员都能直接参与确定企业目标、决策及成果,以使每一个决定都能得到有效落实。

某年一月,通用公司一年一度的碰头会在佛罗里达举行,韦尔奇总裁向到会的 500 名高级总经理宣布了一项规划,即实行"群策群力"的管理模式,聘请高级顾问和商学院的教授协助实施,而且强制执行。其内容是,举行各阶层员工参加的讨论会,在会上,与会者做三件事:动脑筋想办法,取消各自岗位上多余的环节或程序,共同解决出现的问题。先期的群策群力讨论会主要是建立信任,模式为大家七嘴八舌地发表意见,后来逐渐上升为一种理念。

这种管理模式始于 1989 年 3 月,此后,像"爆米花"一样在通用电气公司的许多部门得到贯彻。

这种讨论会都遵循同一模式,员工们将其形象地比喻为"城镇会议",即由落实部门从不同阶层、不同岗位抽出 40 ~ 100 人到会议中心或某一宾馆。会议为期 3 天,先由上司简要提出议程安排,不外乎减少不必要的会议、形式、请示等表面工作,然后上司离去。在一名外聘助手的协助下,与会者分成 5 ~ 6 个小组,分别讨论议题。小组讨论进行一天半，列举弊端，讨论解决方案，为第三天的议程草拟报告。

会议的第三天尤为重要，它赋予"群策群力"这一管理模式以特殊的生命力。此时，对前面议题一无所知的上司回到会场，在前排就座，并带着资深的"头面"人物来旁听。小组代表逐一汇报，提出小组的建议和主张。按规定，这位上司可做出三种答复：①当场拍板；②否决；③要求提供更多的情况，但须在固定日期内答复该小组。

"群策群力"模式打破了"蓝领"和"白领"的界限，将不同岗位、不同阶层的管理人员及员工集中到一起，针对某些问题进行研究并提出建议和要求，当场确定实施意见。这种管理模式，减少了大量中间环节，大大提高了行政效率。

最能体现"群策群力"模式巨大作用的例子是"博克"牌洗衣机的诞生。在通用电气公司的家电部有一个专门生产洗衣机的工厂。在自从1956年建厂以后的30多年间，该厂经营得非常不好，生产出来的产品总因为落后于其他品牌洗衣机而卖不出去，1992年损失了4700万美元，1993年上半年又损失了400万美元。1993年秋，公司决定卖掉这家工厂。这时候，名叫博克的公司副总裁站出来说："这么多员工怎么办？请给我个机会，我一定想办法使该厂转危为安。"博克首先召集了20个人，采用"群策群力"的方法，用20天时间向总部提交了一份改革报告，韦尔奇总裁看后非常支持，马上批给资金对该厂进行技术改造。之后，该厂生产的洗衣机在市场上站稳了脚跟，该款洗衣机也被命名为"博克"

牌洗衣机。

"群策群力"讨论会不仅带来了明显的经济效益，而且能让中层管理者及员工广泛参与管理，感受运用"权力"的滋味，从而大大提高落实者的工作热情，更有利于工作的落实到位。

1987年，通用电气公司制造一台喷气发动机上燃烧室的关键部件，需要30周。通过开展"群策群力"活动，生产周期缩短到8周，后来，只需4周。而负责制造加工燃烧室的员工们还在讨论10天内完成任务的可能性。

"群策群力"活动已成为通用电气公司一种日常性的活动，随时都可以根据需要举行，参与人员也从中层管理者、员工扩大到顾客、用户和供应商。

"群策群力"活动，推动着通用电气公司的高层领导者必须更多地去"放权"，更多地去关注，更多地去听取意见以及追踪落实。他们必须信任属下，也必须被属下所信任。

上级领导层确实有做出最终决策的责任，但同时还拥有使中层及员工相信，特别是使提出建议的人相信这些决策是合乎可行性的责任。所以，上级领导层所做出的决策应该为落实者所理解，并具有强大的号召力。

五、落实到位目标概念的延伸

1. 确定具体而清晰的目标

如果企业的目标仅仅表达了一种"意愿",那么这些目标将形同废纸。落实型领导者设立的目标,一定可以转化为各项工作,是具体的、清晰的、明确的,是可以测度、可以落实、可以执行的。

明确、具体的目标就是指引企业航行的灯塔,有了它,企业之船才能满载货物靠岸。假如这灯塔不是明亮易见的,航船不仅到不了岸,还有触礁沉没的危险。

要提高企业的"落实力",就必须制定足够清晰、具体的目标。

100 年前,AT&T 电话公司的领导者就为公司制定了这样一个宏伟目标:成为誉满全球的电话机供应商。该公司的员工一直以这个目标为努力的方向。到了信息技术突飞猛进的今天,AT&T 电话公司重新制定了他们的总体目标:成为世界性信息管理和革新的主力军。这一明确、具体的目标,又为员工的努力指明了方向。

1990 年,沃尔玛制定了这样一个目标:在 2000 年前,在原有的基础上把商店数目增加一倍，使每平方米营业面积的销售额增加60%。这对于沃尔玛的员工来说，是一个非常明确、具体的奋斗目标，公司从上到下都力求去落实和完成这个目标。今天，沃尔玛在世界各地设立了连锁店，成为世界商业连锁的品牌店之一。

企业的目标清晰、具体，在落实时就便于突出重点，也就有利于目标最终贯彻落实到位。

从某种意义上说，具体而清晰的目标应该像航空公司的飞行时间班次表。比如：时间表上说明某班飞机上午9时自A地起飞，下午5时抵达B地。如果当时B地气候不佳，有大风暴，班机便不宜按时间表直飞B地，而应该在C地降落；但是即使这样，任何航线都不能因此而没有时间表和飞行计划。临时的改变，都必须立即反馈，以便产生另一张新的时间表和飞行计划。但若一家航空公司制订好一套时间表和飞行计划，结果竟有90%的飞行都不能遵守，恐怕这家航空公司就非得另请管理者不可了。

企业的目标，不是靠"撞大运"、靠命运的指引，而是靠方向的指示；不是命令，而是承诺。企业的目标，不能决定企业的未来，但可以"动员"资源和能力，从而创造企业的未来。

总之，企业的目标，应该是具体的、明确的、清晰的，只有这样，才能够保证目标的贯彻落实，乃至最终达成。

2. 分解和细化目标

企业每提出一个目标，都应该随之提供便于落实的分解目标，否则，再正确的目标也只能成为一份中看不中用的计划书。

一般来说，企业目标按"集团—本部—事业部—各职能部门—责任部门—个人"方式来分解和细化。

海尔集团成立之后的方针目标是："实施国际化战略，强化内部市场链，发挥员工的源头作用，整合市场资源，保持高速稳定发展，创立国际驰名的海尔品牌。"这个总目标制定后，各事业部根据集团目标，结合自身发展方向，制定出各自的实施方针。如冰箱事业部的方针目标为："强化市场意识、危机意识，推广全员互为市场的咬合机制，形成人人超越自我、提高素质、提高效率的氛围，实现产品技术和产品形象的升级换代，推动市场稳步提高，争创国际驰名品牌。"其下属部门也制定出与事业部目标相符又具有自身特点的子目标，层层下达，层层分解，各部门员工根据工作的不同，纷纷制定自己的奋斗计划。

这种目标分解实际上为一个纵向的分解方式。而对于总目标和分解的每一级子目标来说，把它们分别按时间加以分解，是一种横向的方式，两种分解方式便于在落实的过程中能够对进度进行全面的把控，最大限度地使目标在落实的过程中不产生偏差，同时也便于对落实的效果有一个量的考核标准。当然，由于部门的不同，会产生某些"雷区"或"须解决的重点工作"，而分解和细化目标，会使工作中的敏感部分、薄弱环节、重点部分凸显出来。在落实执行时，便能严格监控实施，使目标的不同部分有轻重缓急之分，细微的或需要解决的工作也会如愿完成。

分解和细化目标，在实际运行中，要求各部门、各层次必须环环相扣，上下衔接，左右协调，构成一个动态循环体系，使工作持之以恒地进行下去，并成为员工进行自我管理的一种自觉行为。

分解和细化目标，需要围绕既定目标展开，以量化的数据来说明效果。目标有主项和辅项之分，一般应做说明以示主次。

3. 平衡长期目标和短期任务

平衡长期目标和短期任务，是每一个企业领导者必须考虑的问题。战略目标必须以适时的方式进行，必须与企业所面临的竞争环境和企业自身条件的变化结合起来。这就意味着，在制定长期目标的同时，必须考虑到企业的短期任务，考虑到如何在短期或中期取得阶段性成就，以保证长期目标的实现。

对于一项战略计划来说，把握好短期任务和长期目标之间的平衡是至关重要的。因为，在制定任何一项计划的时候，必须同时考虑到必要的成本和可能的收益，必须注意在实现长期目标的同时保证短期效益。

包强是一位部门经理，他曾经向总经理提出过一个计划书，如果总经理接受该计划的话，在开始的一段时间内，公司的成本会下降，但随后会出现较大的上升。他告诉总经理：“我们很可能在三年之内无法实现收益增长，因为这段时间属于计划启动期。”总经理告诉他：“包强，对于一家公司来说，它无法承受如此巨大的代价。一个合理的计划书必须保证短期利益和长期利益的平衡。如果我们为了实现长期收益而牺牲短期收益的话，计划实施人员的热情就会大大降低。”

不久，包强拿着新的计划书来对总经理说："我们可以保证短期利益，比如，把成本降低10%，从另外一个角度来讲，这就是一项巨大的收益。同时，我们还可以采取四五项措施来弥补新产品开发阶段公司所面临的损失。"

　　结果，包强他们把整个企业团队投入到新计划的实施当中，并最终取得了成功。

　　企业要想成功，就必须将长期目标和短期任务结合起来，只有这样，才能更好地迎接可能出现的挑战，因为实现短期利益的同时，往往也是在为企业的长期发展奠定基础。

　　零售业巨子沃尔玛就是采取长期目标与短期任务相结合的方法得到巨大发展的。沃尔玛的长期目标是要做全球商业零售业的领袖，短期任务是稳步推进、积极适度地扩张。短期任务与长期目标的相互配合使沃尔玛很快成为美国最大的零售企业。后来，随着短期战略目标的实现，沃尔玛走上了向外扩张的国际化道路，成为世界连锁零售业的第一大品牌。

4. 确定执行目标的步骤

　　在复杂的组织当中，如果没有事先设定清晰的目标步骤，各级部门在执行时很可能会陷入无休止的争论之中。

　　作为直接管理者，你必须为自己的组织设定一些步骤清晰而又比较现实的目标，这将对你所在公司的总体绩效产生非常重要的影响。

某家零售连锁集团任命了一名新 CEO。当时的形势非常严峻，竞争对手咄咄逼人，沉浸在远景目标当中的这家连锁集团一味把自己的目标放在电子商务和其他一些类似的目标上面，放弃了对自己核心业务的关注，结果集团股票价格一落千丈，一年之内利润下降了 2/3。

集团高层管理团队敦促新 CEO 建造更多的商店，以此来挽救公司，但这位来自于一家落实型企业的 CEO 果断地坚持了自己的立场，他认为集团目前的问题正是在于目标不够集中，而建造更多的商店只会使这一问题变得更加严重。鉴于此，他把改进现有商店的业绩水平放到了更加优先的位置上，集中集团所有的人力物力来提高销售额和利润额。

这位新 CEO 重点采取了三个步骤：首先，他向 10 位直接向自己汇报的管理人员解释了决策目标，并和他们就具体的实施方案——如何实现这些目标，需要克服什么困难，应当如何改革激励系统等——展开了讨论。然后，他召集下属商店的执行官举行了一次为期两天的研讨会。在会上，这位 CEO 清晰地向执行官们阐述了公司目前的情况、这种情况产生的原因以及应如何摆脱这种情况，以实现更高的增长；并探讨了一些必须克服的因素，比如说，物流正在影响着公司的成本结构，商店和营销部门之间存在着哪些配合上的问题，这些问题会给公司带来什么影响，等等。他为公司每个季度的工作设定了非常明确的目标，并与大家一起讨论了实现这些目标的具体方案。在执行官们离开之前，每个人都为自己随后 90 天的工作制定了明确的计划。最后，这位 CEO 又与公司的几百名营销部门负责人和商店执行官举行了一次类似的研讨会。

这一系列的改革措施最终结出了丰硕的成果，集团利润得到了巨大的提高，股票价格也实现了近一倍的增长。

任何一个组织都不可能同时进行多个目标，更不可能全部做好多个目标，因此，组织必须设定目标的先后次序，然后才能集中力量去落实。

如果想同时实现多个目标，中层管理者必然发生混乱，弄不清到底要干什么，结果导致哪个目标都不能实现。另外，企业的资源是有限的。企业真正需要的是有奉献精神、执着而努力的中层管理者，让中层管理者忙于各种各样的事情而没有重点，往往会使他们变得平庸。同时，让中层管理者身兼一些无关紧要的工作也会引起他们的不满或导致生产效率的下降。

六、中层管理者关注力与下属落实力的正比关系

1. 中层管理者的行为决定下属的行为

一家公司的落实情况，往往是由这家公司中层管理者的行为所决定的。中层管理者所表现的行为决定落实者的行为。所以，要让整个公司成为落实型公司，中层管理者必须对落实力有足够的关注，这种关注在很多情况下表现为其亲力亲为。

吉列公司董事长兼 CEO 吉姆·基尔特斯在接手吉列公司时，吉列已在走下坡路。这家生产了 Mach3 剃刀、金霸王电池和 Oral-B 牙刷的公司曾经业绩辉煌，但现在已连续 14 个季度没有盈利，2/3 的产品市场份额下降，股票已从过去的热门变为今日的无人问津。

基尔特斯认为，处理问题的第一步是：让公司的问题成为员工个人的问题。

所有与基尔特斯共事过的人都知道，他非常严格，要求非常高。基尔特斯对预算的审核极其认真，不论项目是花费 500 万美元还是 5000 美元，他都会仔细地审查所花的每一分钱。如果员工的

业绩不能达到他的要求，他就会去找能够达到这一要求的人。

他没有梦想吉列宏伟的远景，而是每天工作到深夜。

在基尔特斯亲力亲为地关注落实的情况下，吉列各部门团结协作，查漏补缺，员工以公司的利益为自己的利益，以务实的心态行动，脚踏实地做好自己的工作。

当然，基尔特斯的"新政"使吉列的一些老员工感到难以接受。基尔特斯上任时，吉列所有的高层经理都已在公司工作了数十年之久。基尔特斯对工作落实的高度关注，使一些人感到自己像顽皮的学生那样被严格管理。

对于那些不喜欢他的风格的人，基尔特斯认为，要么适应他，要么走人。后来，向他直接报告的14位下属中有10位是新上任的，而4位"幸存者"说："基尔特斯对落实的高度关注，使我们不得不关注落实的结果，因为我们不想失业。"

基尔特斯的行为影响了整个公司，此后，吉列的销售额每季度平均增长5%，营运资本在销售额中所占比例下降到14%，现金流量从8.15亿美元增加到13亿美元。这就是关注力与落实力关系的绝好例证。

2. 中层管理者与下属不断沟通

无论哪一层级的领导者，都要不断地向下属、员工提出自己的要求，这是落实的需要，也是突破经营瓶颈、实现落实的前提条件，更是成为优秀的中层管理者必备的素质之一。

一个企业的当家人，或者他的部属，包括各个层次的部属，上到副手，下到部门负责人，都可以说是领导者。那么，管理的核心是什么呢？又如何管理呢？日本松下电器的会长松下先生认为，领导者也许有许多事情要干，但他首先是要对中层管理者提出要求，他必须首先是要求者。为什么高层领导者首先是要求者？因为，高级管理人员，特别是企业的当家人，虽然是决策者，但决策如果不对中层提出来，就等于一堆废话、一堆废纸。公司的方针、政策，正是经过传达要求落实下去的。因此，一级一级的领导者都要提出要求，使目标具体化、可操作化。不仅最初的、基本的方针如此，临时的、阶段性的方针也是如此。

松下先生说：松下电器公司每个月产生的经营方针，便是拿数字或其他指标来向全公司提出要求。会长的方针，也就是会长的要求。没有要求的会长，方针等于是不存在的。

任何一家企业，高层领导虽说较为出类拔萃，但绝非是全能的。具体的工作，既包括低层次的，也包括那些较高层次的，都要由中层来做，即由专门人才来做。在初级发展阶段，或许可以事必躬亲、身先士卒，但发展到一定规模，企业的领导者就不必如此了。高层领导者只需不断提出要求，中层就可以处理好各方面的落实工作了。

能否经常不断地提出要求，是检验中层管理者是否具有落实力的"试金石"。不闻不问，不提任何要求，是没有落实力的。只有不断提出要求和希望，勤于督导工作，才是负责和勤勉的表现。对不符合发展的中层管理者，应该让其退位。能对人提出要求的落实型中层管理者，才是成功的经营者。

当然，如上所述，松下先生的"要求"，不是不给下属任何独立自主的机会。相反，松下先生极其强调中层及部属参与制订计划。他认为参与是工作绩效的催化剂，放手让中层及部属自主地经营管理，会使他们深刻感受到工作的意义，从而更加努力地工作。而领导的要求与参与，和落实者落实并不矛盾，领导要求只是关注落实，它指引目标，却又允许"条条大道通罗马"，中层及部属完全可以寻找到合适的、切实可行的、属于自己的执行道路。

3. 中层管理者要做关注落实的"检察官"

所谓做关注落实的"检察官"，就是要不断且尖锐地向下属提出问题。

关注落实的中层管理者都应该具有这种提问题的本领，只有这样才能督促事情的落实进展，并影响下属的行动。此外，关注落实的中层管理者还应懂得如何利用那些与下属在一起的非正式会议。这些会议也许没有议题，也许没有预先设定的程序和活动安排，但你可以这样开头："你能告诉我有关的情况吗？""当前我们有哪些问题需要解决？""你是怎么想的？""你能解释……事吗？"这些没有议题的非正式会议往往会使正在进行落实的问题一个个浮出水面，有利于促使下属思考和行动。

做"检察官"有时也不限于督促和提问，走动式对话也能帮助中层管理者及时了解员工情况和公司现状，协调公司上下级关系。

惠普公司的CEO费奥莉娜有一种特殊的管理方式叫"走动式管理"。这种管理方式指通过随意性的交流或者非正式的会谈，与员工及员工所从事的工作保持相当密切的联系，通过"走动式管理"的方式了解员工所关注的问题和观点，体现出对员工的高度信任和尊重。

"走动式管理"具有以下特征，即各级管理者要经常在自己的部门中走动，或举办茶话会、交流午餐，或见面交谈。

费奥莉娜要求管理者们要经常性地巡视部门，多在部门中走动，以了解每位员工的工作方式，随时掌握工作进度。管理者也可以出现在随意的讨论中，这并不是要管理者打扰到讨论或打断随意而起的讨论，而是要管理者能够融入这些讨论中，从而发现每一位员工的真实想法，包括他们对公司现状的看法，对公司未来走向的预测，以及对人力资源运用是否妥当，对自己的上司或任何一位管理者是否称职，对公司各个部门及管理方式和经营策略运用的各种意见等。费奥莉娜认为，多了解员工尤其是自己下属的看法，并把它们有机地结合起来，总体分析当前面临的问题和需要解决和改进的地方，有利于公司及各个部门不断自我完善及改革。

员工的意见或许片面，或许肤浅，但却是来自公司内部的第一手资料。所谓"春江水暖鸭先知"，员工是任何管理模式和经营策略的直接落实者，他们对落实目标往往更具发言权。

费奥莉娜认为举办茶话会、交流午餐及办公室走道里的交谈，这些在闲暇之余举行的讨论更能让人放松，能启发员工们的智慧，更容易出现一些奇思妙想。在这些地方所交流的内容往往包罗万象、五花八门，能够展现一些员工平时未显露的才能，比如对各种细节的研究和个人道德品行的表现，也可以观察到员工的个性化特点。同时，管理者与员工们在轻松愉快的氛围里交谈甚至争论，也不会伤及感情。而且，由于管理者对员工们意见的尊重，这种方式还能够增强员工对企业的自豪感和责任心，从而有利于各种计划的落实。

费奥莉娜正是通过这种"走动式管理"，使惠普公司内部形成了良好的工作氛围，使公司成为一个具有落实力的组织。

4. 中层管理者的速度就是下属的速度

美国大器晚成的女企业家玛丽·凯·阿什在这个问题上有自己独到的见解。她认为，中层管理者的速度就是员工的速度，称职的中层管理者是任何员工都代替不了的。

玛丽·凯·阿什说："我相信，一个称职的经理是任何人也代替不了的。遗憾的是，许多为了晋升到经理层而努力工作的人在真的当上经理后，身上却滋长出严重的官僚气。在我们公司里，有些人当上销售主任后，就不再亲自举办化妆品展销会了。结果，她们当中一些人在招收和培训美容顾问方面越来越不得力，其直接原因是，当上销售主任后，她们围着办公桌转，不再亲自跑市场，也不再以实际行动激励部下。你是否注意到这种情况，每当你刚干完的工作正好是你将教别人干的工作，你的热情总是会更加高涨。

"人们往往模仿经理的工作习惯和修养，而不管其工作习惯和修养是好还是坏。假如一位经理常常迟到，吃完午饭后迟迟不回办公室，打起私人电话没完没了，不时因喝咖啡而中断工作，一天到晚眼睛总盯着墙上的挂钟，那么，他的部下大概也会如法炮制。而我习惯在下班前把办公桌清理一下，把没干完的工作装进我称之为'智囊'的包里带回家，我喜欢当天事当天了，尽管我从未要求过我的助手们和 7 名秘书也这样做，但是她们现在每天下班时，也提着'智囊'包回家。

"作为一个经理，你重任在肩，你的职位越高，你越应当亲力亲为，因为经理总是处于众目睽睽之下，所以你在做任何事情时都务必要考虑到这一点。注意你行事的速度，因为你的速度就是你的下属的速度，过不了多久，你的下属也会照着你的样子去做。"

这就是中层管理者的领导力，企业各个层次、各个领域都能看到的中层领导力，将带领下属不断向前。

5. 鼓励下属自己去找答案

当你把问题交给某个员工时，不要提出建议，即便是小小的暗示，也可能让你无法克服旧的领导模式。

好的中层管理者会引导员工抓住议题，独立想出解决办法。他会通过对话来了解员工对方案的看法，借此帮助员工探索各种冲突观点的背后逻辑，并吸引员工参与决策。成功的中层管理者最有利的位置就是担任"咨询"。

工作中，中层管理者要插手工作，但要抛弃旧有的指手画脚的习惯。对传统的领导者来说，命令和控制型的作风必须抛弃，即使是非传统的领导者也必须注意这一点。

真正优秀的中层管理者，不仅自己具有强大的落实力，而且能够训练出一批一流的落实型下属。

落实力的提升应该是整个企业范围内的事情，而不只是少数管理者的专利。但中层管理者在其中所起的作用非常巨大，他们就像一个火车头，有意识地对目标进行引导，从而使"落实"成为企业的核心元素。对下属进行指导，让下属自己去寻找答案，是提高员工能力的重要组成部分。"授之以鱼，饱其一日；授之以渔，方可饱其终生。"发号施令者和循循善诱者之间的区别就在于此。那么，怎样提升落实者的能力呢？

　　①实践是最好的老师。

　　作为企业的中层管理者，必须注重在实践中培养你的下属甚至每个员工的落实能力。一个人80％的学习都是在教室之外进行的。每一位中层管理者和监督人员都需要成为一名社会实践教师。

　　②给下属发挥的空间，中层管理者通过授权可以提高目标的整体落实力。

　　合理授权，有助于锻炼和提高下属的才干，提高目标的总体落实水平，从而提高领导效率。

　　中层管理者的合理授权还可使下属获得实践的机会和能力提高的机会。随着下属在实践中学到更多的真知，中层管理者可以根据工作的需要授予他们更多的权力和责任。若不授权于下属，下属不但无法充分利用自己的专长，他们的真才实学也表现不出来。因此，授权可以发现人才、利用人才、锻炼人才，使工作出现朝气蓬勃、生龙活虎的局面。

　　授权是现代企业的管理技巧，其范围非常之广，可以大到一项重要任务，也可以小到任何机构都存在的日常工作，但有一点是不变的，即领导者要敢于授权、善于授权。在授权的过程中要真诚和彻底，千万不能半信半疑或半途而废。

③高层管理者要善于集权与分权。

高层管理者大多喜欢集权，总认为自己的水平高于下属。事实却是，集权有集权的好处，但适当分一些权利给中层及下属更能体现领导者的水平和风范。有些高层管理者一旦分权于中层及下属，总是忐忑不安，或害怕中层及下属不能完成任务；或怕万一中层及下属做砸了要替他们负责；更有甚者，担心中层及下属会"功高盖主"。所有这些因素都或多或少地影响到高层管理者分权的效果。其实，大胆分权，对中层及下属有信心，勇于承担风险和责任，是每一个管理者必备的职业素质和领导风范。

北欧航空公司董事长卡尔松大刀阔斧地改革北欧航空系统的陈规陋习，就是依靠合理的授权和分权，给部下充分的信任和活动自由。

开始时，卡尔松把公司的目标定为欧洲最准时的航空公司，但他想不出该怎么入手。卡尔松到处寻找，看到底由哪些人来负责落实此事，最后他终于找到了合适的人选。于是卡尔松去拜访那人："我们怎样才能成为欧洲最准时的航空公司？你能不能替我找到答案？"几个星期后，那人约见卡尔松。卡尔松问他："怎么样？能不能做到？"

那人回答："能，不过大概要花6个月，还可能花掉160万美元。"

卡尔松说："太好了，说下去。"因为他本来估计要花5倍于此的代价。

那人继续说："等一下，我带了人来，准备向你汇报，我们可以告诉你我们到底想怎么干。"

大约四个半月后，那人请卡尔松看他几个月来的成绩。当然，那人已使北欧航空公司成为欧洲最准时的航空公司，但这还不是他请卡尔松来的唯一原因，更重要的是他还省下了160万美元经费中的50万美元。

卡尔松事后说："如果我先是对他说：'好，现在交给你一个任务，我要你使我们公司成为欧洲最准时的航空公司，现在我给你200万美元，你要这么这么做。'结果怎样，你们一定可以预想到，他一定会在6个月以后回来对我说：'我们已经照你所说的做了，而且有了一定进展，不过离目标还有一段距离，也许还需花90天左右才能做好，而且还需要100万美元经费。'可是这一次，这种拖拖拉拉的事不曾发生。他要这个数目，我就照他要的给，他顺顺利利地就把工作做完了，事情也办好了。"

很显然，集权与分权是一对欢喜冤家，既互相矛盾，又密不可分。怎样才能扬长避短，使之为增强企业落实力发挥最大的作用呢？一般来说，决策代价越高，集权程序也应越高；组织内部落实同一政策，集权的程度较高；组织规模大，宜于分权，反之，则宜集权；如组织由小到大发展而来，则集权程度高；如由联合或合并而来，则分权程度高；主管人员数量充足，经验丰富，管理能力强，则可较多地分权，反之则应趋向集权；控制技术和手段越完善，则越宜于分权，反之则应集权；权力分散化后绩效越好，则越宜于分权，反之则宜集权。

④给下属自信心。

中层管理者要促使一线员工改变盲目服从的行为，要使他们拥有自信心。只有这样，他们才能开始在自己的领域里有责任心地、高效地培养和发挥落实力。

兰克公司的前任执行官佛尼尔认为，要让目标落实到位，突破现状的唯一方法就是树立员工的自信心。

中层管理者最重要的角色之一，就是让员工产生自信心。如果员工敢于承担风险及责任，那么主动性、自发性就能发挥出来。

最好的飞机驾驶员是那些头抬得高高的、看着飞机往哪儿飞的人，而不是那些把头埋在一堆指示、说明书里的人。

一个成功企业的成长过程，也是一个渐渐形成自身独有风格的过程。而这一风格，往往与领导者的作风和独特的领导方式有着最直接的联系，特别是让中层及员工树立充分的自信心，对于成为落实型企业有着绝对的帮助。

国际联合电脑公司（CA）的创始人王嘉廉的个性非常突出，他有着过人的精力，动作麻利，工作效率高，说话心直口快，不拐弯抹角，因而"积极进取""坚定不移""桀骜不驯""激情""冷静""斗志高昂"等描述他的词汇不断在众多报刊上出现。美国广播公司曾标榜他是"最具独创性、最有效率的主管之一"。他领航的 CA 既像一台高速运转而又井然有序的大机器，又像一个温馨和睦、充满活力的大家庭。

王嘉廉最讨厌也最怕官僚主义，视其为腐蚀人心、摧毁企业的罪魁祸首，因而在他身上，员工们看不到老板"摆架子"。他要员工有话直说，有困难直接找他，让员工建立强大的自信心。为了破除官僚主义，CA 公司每年 4 月都要有一次"大地震"——人事组织的变动：你今年在某一部门工作，明年就会被调到另一个部门工作。这种岗位互换制，不仅使员工总是在面对挑战的环境中自我成长、成为精英，更重要的在于激发出员工个人的潜能与才智，使他们自觉地体会到团队精神和整体表现才是把握成功的关键。

王嘉廉建立的 CA，是一个没有等级观念的公司，那里的工作方式是追求高效而不是拘于形式。CA 的每一个部门都有自主权，做决策可以直通最高主管而无须浪费在写报告上。像许多大公司一样，CA 也有大大小小开不完的主管会议，但这些会议并非是例行的或事先安排好的，而是根据实际需要随时召开。

在 CA 的一次电脑议题重要会议现场，你看到的是在其他公司看不到的情景：一大群高级主管正准备开会，有些人手持咖啡、早点；有些人交头接耳，有些人忙着把笔记本电脑连接在大电视屏幕上。这里没有传统和正规的会议规则，会议的气氛时而轻松，时而激烈。与会者可以声嘶力竭地争论，毫无忌惮地彼此交换意见，在意见不同时，任何人都可以打断董事长、上司的话而不会被视为冒犯。讨论的过程也不是单向的，王嘉廉的话亦不会被员工奉为"圣旨"。双方一来一往地激辩，其他人有不同的意见也不时地插入，没有所谓的发言次序。这种介于"正经"与"不正经"之间的沟通方式，刺激了大家的参与感，强化了每个人的思考能力。在两个多小时的会议现场，只有嗓门提高的声音，却见不到有人打盹儿、打哈欠，而王嘉廉不时冒出的幽默比喻，更是动不动就让大家笑得前仰后合。于是，一个略显生硬严肃的电脑议题便在轻松活泼的气氛中，得出了一个共识，形成了一个完善的解决方案，而这一方案给 CA 增加了一大笔收益。

　　王嘉廉把今日 CA 的成功归结为公司拥有大量出色的人才。然而在软件界，聪慧的一流人才俯拾即得。能够把这些聪明过人的人才吸引在一起共同为 CA 效力，这本身就是一件难度很高又很能说明问题的事情。难怪有人说，王嘉廉不仅自己是一个了不起的人才，而且还是一块能吸引人才的强力"磁石"。

　　王嘉廉提拔人才不看重学历，而是看工作热情与能力，看下属的自信心。他认为拥有硕士学位或名校出身者，并不一定就是最适合在 CA 工作的人，学校教的东西并不等于实际。CA 最迫切需要的是具有自发精神、不畏挑战而又善于因地制宜的人。

　　CA 最重要的哲学之一是："有失败的权力。"王嘉廉告诉下属，犯错误没有关系，但谁都没有权力掩饰过失，因而相互指责、推卸责任的现象不会在 CA 出现。下属们敢于冒险、独立思考、不怕发表自己的看法，每一个人都不会忙着掩饰自己的过失，这是 CA 和许多大公司不同的地方。"我们并不比其他公司的人聪明，但不同的是，我们节省下许多相互指责的时间来从错误中学到教训，不断成长。在 CA 工作的人，多是自动自发，希望共同为 CA 闯出一番天地的人。"王嘉廉以此为傲。

七、为落实到位做好宣传

1. 让执行者了解落实目标的战略意义

如果你是一家大企业的总经理，必须推动重要的新战略，你要不要让中层及员工了解新的战略方向？事实上，中层及员工为落实新战略所需要做的行为上的改变及努力，远高于让客户接受新产品。因此，如果企业没有像促销新产品一般去宣传，运用一套缜密的流程去告知中层及员工新的战略方向和落实方式，该战略的失败是可以预见的。

企业在推出新战略时，必须让参与落实的中层及员工充分了解该战略，以使该战略能落实到他们的日常工作中，用更新更好的方式创造绩效。美国信诺保险集团财产暨意外事业处的总裁艾森指出："最困难的是建立明确的战略计划，并让员工了解他们如何在该计划下做出贡献。每位员工都需要被教育，以了解他们日常的落实工作会如何影响公司整体的成败。"这是从上至下的沟通，是使中层及员工在工作岗位上找出协助企业达成战略目标的重要方法。

有时，企业的员工人数可能多达几万人甚至几十万人，向如此众多的员工做宣传需要制定一个持续、全面的计划。有些企业认为推动战略落实是不太必要的事，往往是高级管理层形成共识之后，他们就匆忙地让中层尽快了解战略目标，随后便不再进行大规模的宣传。于是中层往往会把这些新战略目标当成是未来的计划，甚至暂时将它们搁置起来，最终将其抛在脑后。

多项研究显示，只有少于5%的中层了解其该落实的战略目标。换言之，大多数企业的实际情况是，高层主管并未让中层知道落实的新战略方向。中层若不清楚战略计划，便不可能了解为实现该计划而设计的战略；不了解战略，中层便无法在日常工作中提升及改变做法，也就更谈不上对战略的落实做出贡献了。

因此，战略宣传应该成为企业管理中层的持续不断的过程，正如韦尔奇的宣传法则所言，"重复、重复、再重复，直到让几十万人接受一个想法"。

那些把宣传促销的专业技巧和方法用来做内部的战略沟通的企业，是具备落实力文化的企业。只有把中层及员工和本企业的战略愿景长期地联系在一起，才是有发展潜力的企业。制定这样的综合计划时，应首先解决下列问题：

①这项宣传战略的目标是什么？

②这项宣传战略的对象是什么人？

③针对每位对象发出的信息是什么？

④对每位对象采取的宣传途径是什么？

⑤宣传战略每个阶段的时间框架是什么？

⑥如何知道宣传战略取得的效果？

对下属部门进行公开战略的宣传是落实战略的必要前提，但这些宣传计划必须同时满足保密的要求。一项好的战略计划必须是明确、公开的，必须确定特别的客户，细分市场，并且能够确定特别的机制防止竞争者"染指"这部分市场。不过，有没有必要让企业的数千甚至数万名员工都对这项战略了如指掌呢？答案是没必要，因为这样会使作为竞争对手的其他公司很快就了解这一战略——可能是被开除的员工泄密，也可能是不善于保守秘密的经理们和员工随意讨论这一战略而被别人知道。过早地透露新战略的内幕会使竞争对手有所防范，使新战略的威力减弱。

鉴于此，每个企业都必须公开向员工宣讲保密的重要性，以及战略泄密会给企业造成的影响。正确的方式是把业绩量度指标的情况以及推动工作前进的方法传达给中层，再由中层传达到员工，但中层管理者应对目标市场和竞争方案等重要信息守口如瓶，只告诉那些必须了解情况的员工。

2. 宣传的方式

一个企业有许多方式可用来向员工宣传战略，常见的方式包括：

①会议：中层刚开始可以利用会议介绍一些战略观念，当观念建立后，可利用会议简报展开对企业的战略绩效及对未来发展方向的讨论。

②宣传手册：描述企业的战略目标及其量度指标的说明手册。

③月刊：起初用来介绍说明总的战略，接下来可以刊载如何提升绩效等战略行动方案，并定期提供战略绩效测评的报告。

④教育训练：将落实战略列入教育培训课程，强化员工以新的

方式来运作及创造战略绩效。

⑤公司内部网络：将战略目标放到公司内部网络上，加入高层主管的声音影像，陈述企业的整个战略并解释个人的目标、量度、指标及行动方案。

在设计各种宣传方式时，中层应做到细致规划并"因地制宜"——根据自身的特点，或放弃或选用或另辟蹊径，甚至可以"走偏门"。

摩托罗拉对战略的宣传是这样的：

首席执行官阐明战略主题的背景和理由，揭示必须达成的目标，并说明当前业务状况与目标之间的落差。所传达的信息是易于了解且有感染力的。接着，各阶层的经理人再往下沟通强化这些信息。

各部门通过召开卫星通信会议，说明新的战略行动方案。首席执行官每周发一封电子邮件给所有员工，说明战略行动方案的进展。另外，公司还在互联网上建立互动式的 CEO 网站，以提供每日新闻，内容包括：公司股价、新产品、服务及战略联盟。这些新闻每天都能吸引很多员工进入此网站。该网站也有员工对目前战略方案了解情况的测试，以及 60 秒员工意见调查，测试内容大多是关于首席执行官战略主题的是非题及多选题，测试的结果可以帮助宣传部门衡量战略宣传的成效。

除了每日更新的资讯外，CEO 网站还为员工提供一项速览，以帮助他们了解首席执行官的经营理念及对重大事件的观点、高层决策的背景和理由、企业整体战略行动及新方案的讨论，以及企业整体落实的进展与现状报告。为了凸显相关信息，网站上还展示具体的成功实例，落实战略为行动的个案探讨，以及褒扬突破传统组织和绩效的局限而成功的员工的事迹。

因此，在企业宣传方面，"战略的落实须由基础做起"，中层应运用有效的宣传方式，将战略计划落实为每个员工的工作。

第三章

落实到位的硬件通道

　　这里所说的"硬件通道"，好比人体里的动脉、静脉、毛细血管等，是企业管理系统中一些有形的要素，如组织结构、薪酬设计、绩效评估、奖励与惩罚等，是从目标、任务这个起点，通过落实到达结果这一终点的过程中看得见的"站点"。硬件通道的建设是使目标、任务得以落实的基础性保障。

一、构建落实到位的组织系统

1. 团队也是落实者

目标落实既是决策者、中层管理者的事，也是普通员工的事，更是整个团队的事。团队是落实的主体，中层管理者和员工都是其中的参与者。

戴尔公司的直销方式和根据订单进行生产的运营方式是其企业运作的核心。许多进行直接销售的公司都会绕开零售商，对定价进行有效控制，并拥有一支只服务于自己产品的销售队伍。戴尔公司成功的真正秘诀是：他们拥有一个可以适应市场变化的有效团队。这个团队建立了自己的运转模式，可以比任何竞争对手都更出色地完成目标。其他一些同样采取直销模式的企业的失败也正在于此——它们虽然也拥有一个伟大的目标，但没有一个有效的团队去落实这一目标。

落实到位不只是一个战术问题，也是一门学问，是有效完成目标的关键点。这个关键点的含义是：落实渗透到策略、战术、运营以及团队合作、品质、沟通的各个层面，如能将这六个元素整合在一起，那么，决策者是落实者，团队是落实者，个人也是落实者。

由此可见，要想提高整个企业的落实力，就必须构建良好的组织结构，设计并保持好组织的各个系统。科学有效的组织结构是确保管理效率的基础，是企业实现短期经营目标和长期战略目标的平台。

企业组织就像一幢房子，当一个组织变大时，房子中的墙和门就多了起来，这些墙和门会阻碍部门间的沟通和协调，而为了加强沟通和协调，执行者就必须把这些墙和门拆除。但组织架构在企业中又是非常重要的，它能使企业有序向前发展。

因此，唯有基于有效的组织架构设计，才能发挥落实的威力，进而使组织获得竞争力，并提供实用、合理的方法，为企业的每个阶层、每个环节创造价值。

落实力组织的构建不仅强调聚焦远景的战略规划，而且需要落实到具体的流程；不仅强调制度的全面建设，而且需要落实到具体的操作规范；不仅强调奖罚分明的激励机制，而且需要进行合理的岗位设计。伴随这一系统化展开过程的是，对落实能力内涵的不断领会，对落实能力的不断修炼，并最终在中层落实者的思维、行动中形成一套具体的有目的的实操性强的落实观念。

以此为出发点来看，落实力组织就不仅仅是落实力文化的载体，也是落实力文化的根基。

落实力组织的核心特征之一就是：自上而下的身体力行。

然而，客观上，当中层管理者参与到落实力中后，也就改变了落实本身的内涵。建立落实力组织并不是要求所有领导者尤其是高层领导者进行微观管理，或者进行"一对一"的现场帮助，而是要求在企业内部建立起落实力培养的机制与氛围，从而让组织中的其他人被"同化"，最终形成落实"合力"。这样，落实的作风就会从企业的上层开始，经由企业的中层传承，然后是一线员工，直至整个组织、整个团队。

2. 建立适应战略的落实型组织结构

企业的组织结构与企业战略计划之间的关系是前者服从于后者。企业战略的变化会导致组织的变化。当企业改变战略计划时，其现行的架构有可能变得无效，这时就要求调整现有的组织，使其服从战略计划的需要。具体来说，组织结构与战略计划的主从关系表现在以下四个方面：

第一，高层领导者的战略计划须选择规范的组织架构；

第二，只有使组织架构与战略计划相匹配，才能成功地实现企业的目标；

第三，与战略计划不相适应的组织架构，将会成为限制、阻碍战略计划发挥其应有作用的巨大力量；

第四，如果一个企业在组织架构上没有重大的变化，则很少能在实质上改变当前的战略计划。

对战略结构关系最早进行研究的是艾尔弗雷德·钱德勒，他对美国100家大公司进行了考察，追踪了这些公司50年的发展历史，并广泛收集了如杜邦、通用汽车、新泽西标准石油以及西尔斯等公司的历史案例资料后，得出结论说，公司的战略变化要先行，并且会导致组织结构的变化。

具体地说，钱德勒发现简单的战略计划只要求一种简单、松散的结构形式来落实即可。因为决策可以集中在某个高层管理人员手中，企业的复杂性和正规化程度都很低。当一个企业成长以后，决策往往是在高级领导层面上产生，企业的战略变得更加有野心，也更加复杂了，企业通常采取合并供货或者直接销售产品到顾客手里等办法，在既定的产业链内扩大它们的活动范围。以通用汽车为例，它不仅装配整车，同时还拥有制造空调装置、电气设备以及其他汽车配件的企业。这种纵向一体化战略，使部门之间的相互依赖性增强，从而产生了对更复杂协调手段的要求，而这可以通过重新设计结构，按照所开展的职能来构建专业化的组织单位来取得。因此，公司进一步成长，进入产品多样化经营阶段时，结构需要再次调整，以便取得更高的效率。

　　这种产品多样化的战略，要求企业能够有效地配置资源，控制工作绩效，并保持各个单位之间的协调。而组建多个独立的事业部门，让每个部门对特定的产品线负责，则能够更好地达到上述要求。

3. 部门化

　　部门化就是将不同的工作以及相应的人员组编成可以管理的小单位。部门化的根本目的在于分工，这是因为分工可以提高工作效率。创建可管理的单位的过程，通常是组织架构的第一步。此后，通过部门化过程而设立的许多小单位，联合成组织的总体架构，在本质上是以战略为中心的。决定部门化的最普遍的基础是职能、产品。

（1）职能

职能是指组织机构中相互联系的活动。规模小的公司，业务量小，只需要很少的管理人员，因此，往往是一个人管理许多事情。从某种程度上说，这种管理效率是很高的，不需要其他的协调方式。在规模较大的公司中，管理业务及管理人员都增加了，就显示出分工的极大优越性。组织管理被划分为若干个职能部门，遵循职业化、专业化的原则，能简化职业训练工作，使人力的利用获得更高的效率，从而提高组织的落实力。

（2）产品

拥有不同产品系列的企业常常根据产品建立管理单位，在大型、复杂、多品种经营的企业中，按照产品划分部门成为一种通常的准则。这样划分，使企业的注意力及努力都放在产品上，这对于激烈、多变的市场环境是非常重要的。按照部门划分，还可以使下属小部门成为以利润为中心的责任中心，承担总企业的一部分责任。最重要的是，它使企业能够避免部门的无限膨胀所带来的管理上的复杂化，避免降低组织的落实力。

4. 确定恰当的管理跨度和组织层次

一旦确立了进行部门化，就会立刻出现组织结构的另一个问题：一个人究竟能指导多少部门？每个部门的管理人员能够有效指导多少下属人员？管理跨度决定了组织所要设置的层次、配备的管理人员和员工人数。

组织工作的目的是使人们更有效率地合作。一个管理人员可以有效管理下属人员的数量是有限的，这就是管理跨度的概念。这决定了一个组织存在的管理层次。

从组织落实力的角度而言，组织的层次应该尽可能地少。其原因在于：一是组织层次越多，费用就越多，用于管理方面的精力和资金也就越多，因为管理人员和协助管理的人员增多了，协调各部门活动的需求就增加了，再加上为这些人员提供设施的费用，从会计角度上称之为"管理费用"增加了，公司真正的盈利就变少了。利润是由生产人员、采购人员和营销人员的活动来创造的，过多的管理人员及其配套设施导致的费用将会大大侵蚀这些盈利。二是部门的层次会把交流复杂化。有很多层次的公司通过组织结构向下传达目标、计划和指令，比由一位最高层管理人员直接与雇员联系的公司要困难得多。层次的增多，会使信息在向下传递的过程中更容易发生遗漏和曲解，也会使从基层到上级人员的信息沟通复杂化。三是众多的层次会使计划工作和控制工作复杂化。高层可能制定了明确又完整的计划，但是经过一级一级布置下去，计划失去了协调性和明确性，也会使控制变得更加困难。

在由美国管理协会对100家大公司的调查中发现，向总裁汇报工作的人数从1人到24人不等，只有26位总裁拥有6人或者不到6人的下属，最常见的人数是8人，平均数是9人。

一位中层管理人员能够有效管理的下属人数取决于其内在因素。除去理解力强、善于与人相处、博得人们的忠诚和尊敬等这些个人品格之外，最重要的决定因素是减少上级花在下级身上的时间的能力。这种能力当然因管理人员及其工作的不同而异，但是有几种因素在实质上影响这种接触的次数和频率，因此也影响

第三章 落实到位的硬件通道

着管理的跨度。这些因素主要有：下属人员的培训，明确的授权，明确的计划，客观的标准应用，交流方式的应用，必要的个人接触。

组织结构的主要形式有：职能式组织结构、事业部式组织结构、矩阵式组织结构、网络型组织结构。这些组织结构的形式各有其优缺点以及适用的情形，企业要根据实际情况进行选择。

（1）职能式组织结构

当一个组织中的关键竞争因素是专业知识、效率和质量，而且它的外部环境相对稳定时，职能式组织结构比较好。职能式组织结构能够促进规模经济。统一的制造工厂能使一个组织购买到昂贵但高效的机器，减少重复和浪费。这种组织架构也可通过提供给雇员明确的职业阶梯（业务提升）促使他们的职业技能得到发展。小企业倾向于按职能设置集中化的组织架构，如研究与开发部、制造部、销售部、营销部、财务部等等，这些部门直接受总经理或老板的领导，这是使用最普遍的组织结构之一。

职能式组织结构的最大优点是明确，在职能式的组织之下，每一个人都有一个自己的"家"，每一个人都了解其自身的任务。所以，职能式组织是一种具有高度稳定性的组织。

（2）事业部式组织结构

当为了开发新产品、满足客户期望或保持市场份额而需要进行协作时，采用事业部式组织结构运行比较好。这种结构经常被中等或大规模企业采用，如生产多种产品、进入不同的行业和市场、对不同的顾客服务、在不同的地区进行产品的销售等。因为每个事业部都有完整的职能资源，所以可以对自己的产品、市场、顾客或地区的需求做出响应，当需求改变时也能快速适应。

惠普公司，即由测量系统、计算机产品和计算机系统三个事业部组成。事业部与职能部的区别在于，事业部组织以各业务环节的产品、地区或客户为中心重新组合，它的优点是能适应不确定环境所带来的高速变化，追求的是将注意力瞄准客户、市场、产品和技术，并有具体的量化指标加以衡量。它更加贴近客户，能及时了解客户的需求和偏好，从而抓住商机，使组织资源与外部环境的联系更加紧密，随时启动迅速调节功能以适应灵活多变的市场环境。

（3）矩阵式组织结构

矩阵式组织结构的出现是企业管理水平的一次飞跃。当市场环境一方面要求具备专业技术知识，另一方面又要求每条产品线能快速做出变化时，就需要矩阵式组织结构的管理。如果说，职能式结构强调的是纵向的信息沟通，事业部式结构强调的是横向的信息流动，那么矩阵式结构就是将这两种信息流动在企业内部同时实现。

与前两种结构不同，矩阵式结构需要根据企业具体的管理行为加以判断。而企业是否应该实行矩阵式管理，应该依据以下三个条件加以判断：

首先是中等规模，拥有中等数量的产品线，在根据不同产品灵活地使用人员和设备方面，组织结构会有很大压力。

其次是市场环境对两种或更多的重要产品存在要求。

再次是组织结构所处的环境条件是复杂的和不确定的，要求无论在纵向还是横向方面都有大量的协调与信息处理。

矩阵式结构的优势在于它能使人力、设备等资源在不同的产品与服务之间灵活分配，能够适应不断变化的外界要求。但这种组织架构由于大多有两个中层管理者，因此，两个中层管理者最大的问题在于如何"控制"他们的下属。而员工接受两个中层管理者的同时领导，个别不自觉的员工会利用这个机会"钻空子"，造成中层管理者对他管理的"真空化"，而有些员工由于接受双重领导，经常会感到焦虑与压力，因为他们的两个直接中层的命令有时会发生冲突，在这种情况下，他们必须和两个中层保持良好关系，显示出对两个中层的尊重。

（4）网络型组织结构

网络型组织结构是一种很精干的中心结构，是以契约关系的建立和维持为基础，依靠外部机构进行制造、销售或其他重要业务经营活动的组织结构形式。采用网络型结构的企业，所做的就是通过公司内联网和公司外联网，创设一个"契约关系"网络。由于网络型结构的大部分活动都是"外包""外协"的，因此，公司的管理机构往往只是一个精干的管理班子，负责监管公司内部开展的活动，同时协调与外部协作机构之间的关系。

5. 落实力企业的变革因素

落实力企业不太可能永葆常青，而是在市场竞争中不断搏击、进化。换言之，达尔文理论中包含的"优胜劣汰"，同样适用于落实力企业。

有效落实必须建立一个动态的落实力组织。同时，这个落实力组织也是变革的载体。变革只有落实在组织上，在组织内扎根，才会有真正的根基。

不仅如此，变革的程度在未来一定会增大，不管在频率还是程度上，都将如此。企业必须有有效而快速的变革能力。不管是在战略、流程、产品、服务或是组织方面，不管创新是真正的不同或只是换汤不换药，不管企业到底了不了解变革是怎么一回事，不断变革已经成为21世纪企业经营的家常便饭。

商业环境的快速变化直接加速了企业更新换代的速度。如果企业的新陈代谢不是足够快，那么，很可能就无法生存于下一个10年。事实上，驱动变革的因素，如资讯整合、电脑及通信技术发展、网络的普及等，都将持续进行，并在彼此之间形成循环，不断成长。一个真正的全球经济体系逐渐形成。这些驱动因素的效果往往被新兴的电子商务经济所强迫推进。

因此，企业作为一个不断发展的组织，不可能不面对变革的考验。变革最大的危险，不是变革的内容本身，而是如何去实施变革。对于企业经营者来说，必须学会在变化的环境中把握相对稳定的因素。

变革行动或多或少都会有负面作用。有时候，负面作用会因为人们对风险的恐惧而被加倍放大。在人类的社会发展经验中，任何事物为了适应环境变迁所做的调整，都是痛苦的。不过，很多企业因变革造成的资源浪费和烦恼，其实是可以避免的，如果他们把握了以上相对稳定的因素的话，改革就会得到顺利推行。对于落实型领导者而言，这种对稳定因素的洞察与把握，也是他们应对变革的基本功。

然而，我们不能因此认为变革模式应当固化或模式化。任何一个组织都不应该遵循一种模式，或照抄、搬用别人的经验，变革永远处于动态之中。历史证明，凡是把一种成功的方法去套用到不同的方法上去时，成功并不会总是发生，而是常常失败。这就是为什么我们在谈到落实能力时，还要去强调"变革"的缘由。

赢得篮球比赛的胜利，你得苦练基本功，然后融会贯通，并在实战中体会出招式之于战局得分的必要与不必要。面对变化的企业中层管理者，同样需要不拘泥于招式的完整或标准变革，个性化往往代表了创新的产生。

面对不断变化的"战局"和"跑位"，企业需要变革，而不是墨守成规。

二、部门间的合作最重要

1. 合并部门，发挥更大的指向性作用

一个企业不可能只有一个部门，一定有若干个部门。如果各个部门各自为政，不能统一协调起来，目标的落实就将变得十分困难。

让各个部门协调起来、同步行动，是对落实者的基本要求和进行落实的前提条件。

IBM 的机构之复杂，是在全世界出名的。它不仅规模大，地域分布范围广，而且部门多，更重要的是由于分散导致在三个方面上有不足：其一，世界上几乎每一个组织甚至每个人都是 IBM 实际的或者潜在的客户，IBM 不得不为全世界大大小小的每一个机构、每一个行业以及每一种类型的政府机构提供服务；其二是基础技术发展的比率和速度使得 IBM 的结构趋于复杂，因为新的科学发现不断地对建立在常规基础上的战略计划和假设进行冲击，而且，在 IT 行业里，每年都会出现新的竞争对手；其三是由于 IBM 的员工基础特点，每一位员工都对公司的管理有独到的见解。

后来，IBM 经过多年的实践，逐渐演化形成了一种二元结构：

拥有实力的产品事业部，负责处理基础技术方面；同样拥有实力的海外分部，负责处理 IBM 在全世界范围内的扩张。

IBM 产品的情况也大致类似。之前美国本土的产品在其他地方常常买不到，IBM 似乎并没有从全球的角度为客户考虑，也未把自己的技术观点建立在客户需求的基础上。这种复杂的结构和产品情况使得各个部门各自为政，很难统一协调起来，在很大程度上妨碍了公司几乎每一项运营计划的落实能力。所以总裁郭士纳接手 IBM 后决定，打破地域分割、各自为政的状况，重整 IBM 内部的基本权力结构。

郭士纳以客户为基础，将公司划分成了 12 个集团：11 个行业集团（如银行、政府、保险等）和 1 个涵盖中小企业的集团，然后给所有这些集团配备了财会人员，这在很大程度上增强了 IBM 各个部门之间的协调性。后来，IBM 又针对市场宣传混乱的局面，建立了一个统一的市场营销部门，选择了一家广告代理商，使得产品的宣传有了一个统一的窗口。

2. 把各个部门组成一个齐奔目标的"登山队"

作为一个组织，尤其是作为一个组织的领导者，把各部门组建成一个有共同目标的"登山队"，指引大家互相携手，共同攀登，避免内耗，无疑是其主要任务之一，因为这样能使团队早日到达渴望的顶点。

指挥单位的大小与发布号令、命令、训令等有很大的关系。在使用扩音器播放广播体操的时候，一个人足以指挥成千上万的人，这是因为这成千上万人的动作是一样的。而一个企业，由于每个人的工作内容不同，一个人往往只能指挥三五个人，还可能指挥不好。

　　必须指出的是，中层管理者在进行工作编组或组织各种团队的时候，一定要注意，一个人或一个团队只能接受一个人或一种声音的号令。如果出现一个人或一个团队同时须接受两个中层的不同命令的情况，那这种编组或组织团队的方式就是不当的，很可能给工作的开展造成损害。

　　高层领导者在组织中可以采取梯级式管理，就好比登山。登山者需要有强健的体魄，真正的登山活动一般都是在夜里出发，不眠不休地到达山腰，然后在拂晓之前一鼓作气登上山顶，体会那种征服高山的感觉。

　　假使高层领导者将登山的方式运用到企业的工作中，将会怎样呢？

　　每个部门的成员就像是登山者，他们干自己分内的事，喜欢主宰自己掌管的一切，因为这种征服的成就感实在是太美了。

　　①各个部门成员愿意按自己的想法来执行目标，按自己的意愿规划实施目标，无疑证明了自己的价值是相当具有吸引力的。同时，能有机会发挥自己的实力，无疑也是为今后进行资本积累、获得充实感和成就感奠定基础。

　　②中层管理者及员工大多以现有的事业为基础，渴望向更广阔的前景发展。在探索和开拓的过程中，每进一步都意味着更好成绩的取得，因而他们的情绪会一直处于兴奋状态。

　　所以，从某种理想化的意义上来讲，各部门管理者及成员更像是一个个具有旺盛斗志的登山者。那么，高层领导者应怎样正确引导他们的"攀登方式"及"攀登方向"呢？

高层领导者在向中层及各部门分配任务时，只需从大方向上把握，告诉他们自己的期望与需求，仅此而已，具体的内容不必过于苛求。为他们设定大的框架，具体的落实方式则放手让他们去做，在这期间，高层领导者只需跟踪关注，解决出现的问题，把握执行的方向即可。因为，每个人的最大愿望都是自己规划，发挥全力，开拓空间，有自己的一片天空，过多地"带领"，容易使中层及普通员工发挥不了主观能动性。

高层管理者，在领导全局上，更像是一个战略战术的设计者，让各个部门按着你事先设计好的战略路线与方向，一步一个台阶地向前发展，完成你的"登山目标"！

3. 设立专门的落实办公机构

一般企业的通病，就是"事情好说，做起来难"。落实不到位是很多企业管理的一个致命弱点。因此，成立一个专门的落实办公机构非常必要。

某企业老总吴胜敏锐地意识到，任何事情执行都需要有一个监督机构。这是企业的工作作风问题，是一个落实问题。再好的思路，再好的措施、政策，如果落实不了，也只能成为空谈。因此，他下定决心，从抓落实入手，全面扭转公司的工作作风，提高工作效率。

吴胜成立了"落实办公室"（以下简称"落实办"），专职负责督促、检查、落实企业布置的各项重点工作。"落实办"遵循"天天督导，月月落实"的落实理念，以公司方针目标、领导月度工作、主要领导重要批示及办公会、调度会、专题会等确定的工作为主要内容，以推动工作见到实效为目的，抓大事要事，重时效数量，检查工作质量，通过督促、检查、考核、公布等一系列工作环节，全力推动企业各项重点工作的完成，提高了公司的整体工作效率。

"落实办"的检查对象还包括董事长、总经理在内的企业领导班子成员和全体中层干部，使这些领导干部处于督促与考核之中，头上时时悬着"落实"这把利剑。企业从上到下都处在有人监督的状况。领导的日子不好过，干部不好当，员工也不敢松懈。

成立之初的"落实办"，虽然一缺人手，二缺经验，更缺理解和支持，工作的阻力相当大，工作人员的压力也很大，吃"闭门羹"、遭冷眼甚至发生口角都是经常发生的事情，但"落实办"人员顶着压力，忍着很多委屈，一步一步、一点一滴，经过近一年的艰辛磨合，在吴胜的支持下终于使"落实办"从小到大，从不规范到有标准，从大家不理解到接受，工作逐渐步入日常化、规范化、系统化。

如今"落实办"得到了企业上下的普遍认可。企业上下都感受到了"抓落实""落实到位"的"甜头"。

落实办公机构就是企业的"督导办"，它讲究一是一、二是二。落实工作凭实据，落实到位与否效果说了算。

从管理角度讲，实行目标管理，必须落实见效果。"落实办公机构"正是把执行中间的一个关键环节专门拿出来，督导检查落实情况，当然这样会使中层管理者及员工的压力非常大，但有压力才有动力，才会完成更多的事情。

三、薪酬的"落实指向"

1. 薪酬设计的战略意义

在设置薪酬体系时，如果仅仅对涉及成本的行为设置奖罚措施，而对目标的实现者员工的薪酬不做设计，那么员工很少会将注意力投放到增加营业收入的活动上去。因此，领导者如果希望既定的战略能被顺利落实，那么就要根据战略规划对落实者进行相应的奖励和引导。

由于薪酬体系通常是指薪资、奖金、股份等分配方式，所以有人形象地将其比喻为"分蛋糕"的艺术。但从本质上来说，薪酬分配的目的绝不是简单地"分蛋糕"，而是通过"分蛋糕"使得企业今后的蛋糕做得更大。价值分配绝不仅是一项技术工作，而是一种战略思考。因此，在设计薪酬体系时，必须弄清楚其根本目的，而不是局限于解决企业眼前的薪酬问题和人力资源部的专业工作。否则，眼前问题暂时解决了，薪酬体系也建立起来了，但新的问题一出现，薪酬体系就又无法适应了，甚至会阻碍企业的发展。而如果经常变动企业的薪酬体系，必然会给企业带来动荡，甚至引发一系列问题。因此，建立企业薪酬的"落实指向"十分重要，其分配的根本目的可总结为以下几点：

第一，强化企业的核心价值观。

一个企业的核心价值观往往决定着企业能存在多久，它并不是企业写在墙上的口号，它是企业的战略抉择和是非判断的基本点，它表达了企业存在的意义，明确了企业倡导什么、反对什么。企业的核心价值观不能只装在企业家一个人的脑袋里，它还必须准确地传达给每一位落实者，并渗透到员工的灵魂中。只有企业的核心价值观为全体员工所认同，企业内部才能创造一种共同的语言，才能从思想到行动形成一股合力。那么，如何通过薪酬分配来强化企业的核心价值观呢？可以从两方面来考虑：

①各种分配形式的设计。如企业可以强化绩效导向的文化奖金，设置比例要大。

②考核与分配的结合。有效的分配必须建立在客观的评价之上。各种评价要素及权重的设计，可以强化不同企业的文化特征，如企业强化中层之间的团队协作，考核要素中就要加大团队协作的权重比。

第二，企业战略的落实过程是一种全员行为。

价值分配的基础是什么？是价值创造。因此，价值分配必须以价值评价为依据，根据员工对企业战略落实的实际贡献来分配价值。其基本评价点为：

①外部竞争性。如果一个企业采取的是成本领先战略，则价值分配必须强调内部经营管理效率的提高；如果一个企业采取的是产品差异化战略，则价值分配必须鼓励员工的创新行为。

②内部公平性。企业战略落实过程是一种全员行为，必须加强各部门的协作效率，必须根据各类人员对企业总体目标的实际贡

献进行客观的价值评价，并在价值分配中保持内部的相对公平。

第三，培育和增强企业的核心能力。

由于外部市场环境的易变性和不可预测性，许多企业开始运用资源的竞争战略，即通过培育企业内部的核心资源优势，使得竞争对手在短期内难以模仿，从而赢得竞争优势。企业的核心能力包括：技术创新能力、管理创新能力、市场响应能力、资源配置能力、员工学习能力、响应变革能力、自我批判能力等。一个企业应该深入分析企业发展所依靠的核心能力是什么，并在价值评价中给予认可，从而对企业内的关键岗位，在薪酬分配上给予倾斜。

第四，薪酬设计的价值层面。

基于企业薪酬分配目的的差异，在设计薪酬体系时必须体现个性化特征，最重要的是以企业整体战略和落实力为基础，而不能简单地照搬其他企业的薪酬体系。应在整体薪酬分配结构中考虑各项分配制度的独特作用和相互关系，再从技术层面上设计各项分配制度，使其能有效地运行。具体而言，在设计薪酬体系时要从企业战略、制度、技术等三个层面进行思考。

第五，薪酬设计战略层面。

每个企业的存在都有其自身的意义。有的是为了成就一项事业，有的是为了赚钱，有的是为了做大，而有的是只想在某一领域做强。这种不同的价值取向必然决定了企业关注的是长期利益还是短期利益，企业对员工的评价是鼓励创新还是因循守旧。人力资源战略必须与企业的发展战略和价值导向相匹配，这样才能驱使人的行为朝着企业倡导的方向转变。也就是说，在进行薪酬体系设计时必须赋予企业之"魂"，只有从战略上着眼，系统化地设计薪酬体系，才能达到薪酬分配的根本目的。

第六，薪酬系统的组合功能。

制度是战略与理念落实的载体。在战略指引下，制度设计的方向需要更加明确，制度的存在才有意义。在设计薪酬体系时，我们要避免孤立地去考虑单个制度，这是一个很容易犯的错误。因为企业在由小到大发展的过程中遇到的问题不同，薪酬体系设计的出发点也不同。许多企业的薪酬体系都是在企业发展过程中逐步形成的，如去年设计了工资制度，今年设计了奖金制度，明年还要设计股权制度。企业在设计这些制度时往往没有去考虑工资、奖金、股权之间的关联性，而且设计这些制度的人可能也是不同的。因此，不能对薪酬体系进行系统化结构设计，可能会造成各种制度都强调各自的导向，而不是发挥各项制度的协同作用的结果。尽管各项分配制度的设计要个性化，但薪酬系统的组合要发挥整体效能，其最终目标是：以落实到位为指向，实现企业的战略目标，提升企业的外部竞争能力，促进内部组织的均衡发展。

薪酬设计技术是操作层面的事情，但许多人力资源专业的人员经常陷入技术误区，他们习惯采用各种所谓先进的科学方法来设计制度，而没有从战略层面的落实指向的角度来思考制度设计。因此，经常出现企业管理阶层即中层管理者对人力资源部设计的制度没有感觉的情况，于是制度的落实也就不顺利。

2. 用奖励提升员工的落实力

奖励是引导员工落实行为的有效工具。要想使员工积极努力地工作，就必须奖励那些重视落实、具有较强落实力的员工。只有对最具落实力的员工予以奖励，其他员工才会积极提高自己的落实能力。

员工的业绩在很大程度上体现了他个人的落实能力。只有落实能力强的人才有可能取得优秀的业绩。所以，对高绩效的员工予以奖励可以激发员工提高落实力，进而增强整个企业的落实力。

给优秀员工以奖励，其方法和形式是多种多样的。闻名世界的通用电气公司，奖励优秀员工的方法是给他们发放股票期权。起初，通用电气公司只给200个优秀员工发放过股票期权，后来，受到这种奖励的优秀员工越来越多。

美国管理学家、"目标管理"理论创始人彼得·德鲁克认为，要调动员工的积极性，最重要的是使员工发现自己所从事的工作的乐趣和价值，能从工作的完成中享受到一种满足感。这样，员工个人的目标和欲望达到了，整个企业的目标也就达到了，事业与人性两个方面得到了统一。

IBM公司为了充分调动员工的积极性，采取了多种奖励办法，既有物质的，也有精神的，使员工将自己的切身利益与整个公司的荣辱联系在一起。

IBM公司有个惯例，就是为工作成绩列入前85％以内的销售人员举行隆重的庆祝活动。公司里所有的人都参加"100％俱乐部"举办的为期数天的联欢会，而排在前3％的销售人员还会荣获"金圈奖"。为了显示这项活动的重要性，选择举办联欢会的地点也很讲究，譬如到具有异国情调的地方举行。特别需要指出的是，公司的高级领导自始至终参加这项活动，这更激起员工们的热情。

该公司有时还会花样翻新地做出一些出人意料的决定，以调动员工的积极性，增加公司的凝聚力。例如：有一个员工的业务名片上有一面蓝色镶金边的盾牌，这是他25年工龄荣誉徽章的复制图样，上面还印着烫金的压纹字："国际商用机器公司，25年忠实的服务。"这就巧妙地告诉该员工，公司感谢他25年来的努力工作。员工拿着这张名片，可以同认识他的每一个朋友分享这一荣誉。用这种荣誉来奖励优秀员工，有时比物质奖励的作用更大，因为荣誉在员工的心目中，激起的感情波澜往往是巨大无比的。

有效的奖励方法，有时是不需要花一毛钱的。有的时候，利用适当的时机，由适当的人表达出诚挚的谢意，对员工来说，比加薪、正式奖励或挂满一墙壁的奖状、奖牌更有意义。

葛拉汉博士对于"奖励员工"这个专题所做的调查曾遍及全美各地，他发现，员工的最爱，是来自直属上司的亲身而及时的奖励。根据他的统计，63％的受访者认为，上司即便是在员工的背上赞美地拍一拍，也是一种很有意义的奖励。

3. 绩效管理的"落实"指向

（1）绩效管理的落实力导向

在整个绩效管理的过程中，必须注意落实力的提升。只有在绩效管理实施的过程中倡导落实力，企业才能更快更好地改变员工的行为方式，使之提高工作业绩，增强自身的落实力。

无数的事实已经证明，企业要想建立起落实文化，增强整个企业的落实力，必须在绩效管理中加入落实力的内容，并把这一内容作为重点，还要求各级管理者特别是中层在绩效管理的全过程中起到榜样作用，否则企业将无法实现对员工行为方式的改变。

摩托罗拉公司给绩效管理下的定义是：绩效管理是一个不断进行的沟通过程，在这个过程中，员工和主管以合作伙伴的形式就下列问题达成一致：

①员工应该完成的工作。

②员工所做的工作如何为组织的目标实现做贡献。

③员工需要用具体的内容描述怎样才算把工作做好了。

④员工和主管怎样才能共同努力改进绩效。

⑤如何衡量绩效。

⑥确定影响绩效的障碍并将其克服。

从上述这个并不烦琐的定义可以看出，绩效管理在摩托罗拉公司的地位很重要，绩效管理关注的是员工绩效的提高，而员工绩效的提高又是为组织目标的实现服务。这就将员工和企业的发展绑在了一起，同时也将绩效管理的地位提升到了战略的层面，战略地看待绩效管理，可以战略性地制定绩效管理的策略并落实好目标。

同时，定义也强调了"具体"的可落实性：工作内容的描述要具体，衡量的标准要具体，影响绩效的障碍要具体。只有具体的东西，才有解决的可能性，因此，"具体"两个字包含着极其深刻的内涵。

摩托罗拉还进一步强调绩效管理是一个系统，用系统的观点看待绩效管理，将绩效管理置于系统之中，使其各个组成部分互相制约、互相作用，并以各自独立的方式一起去完成既定的目标。

在上例中，摩托罗拉的绩效考核表里没有分数，而是运用等级法，这样既能分出员工绩效的差别，又尽可能地避免了无休止的争论。因为分数既耗费时间，也偏离了绩效管理的落实导向，绩效管理致力于员工绩效和落实力的提高，而不仅仅是为薪酬管理服务。

（2）全视角绩效考核

实践证明，全视角绩效考核是提高企业落实力的一个卓有成效的考核系统。据调查，在《财富》排出的全球1000家大公司中，超过90％的公司在职业开发和绩效考核过程中应用了全视角绩效考核系统。全视角绩效考核系统之所以如此盛行，就在于它有以下几项优点：

①综合性强，集中了多个角度的反馈信息。

②信息质量可靠。

③通过强调团队和内部、外部客户，推动了全面质量管理。

④从多个人而非单个人那里获取反馈信息，可以减少偏见对考核结果的影响。

⑤从员工周围的人那里获取反馈信息，可以增加员工的自我发展意识。

当然，全视角绩效考核也存在一些问题，比如：员工可能会相互串通起来集体作弊；来自不同方面的意见可能会发生冲突；中层管理人员在综合处理来自各方面的反馈信息时会感觉比较棘手。

因特网公司在建立全视角绩效考核系统时，采取了一些防范措施，以确保考核的质量，具体内容如下：

①匿名考核。确保员工不知道任何一位考核小组成员是如何进

行考核的（主管人员的考核除外）。

②加强考核者的责任意识。主管人员检查每一个考核小组成员的考核工作，让他们明白自己运用的考核尺度是否恰当，结果是否可靠，以及其他人员又是如何进行考核的。

③防止舞弊行为。有些考核人员出于帮助或伤害某一位员工的私人目的，会做出不恰当的过高或过低的评价；团队成员可能会串通起来彼此给对方做出较高的评价。主管人员必须对那些明显不恰当的评价核实。

④采用统计程序。运用加权平均或其他定量分析方法，综合处理所有评价。

⑤识别和量化偏见。查出与年龄、性别、民族等有关的歧视或偏爱等。

从因特网公司的经历来看，虽然全视角绩效考核系统是一种很有实用价值的绩效考核方式，但它与任何一种考核技术一样，其成功亦依赖于领导者如何处理收集到的信息，并保证员工受到公平的对待。

（3）正确的绩效评估方法

传统的机械式评估过程常常会遗漏一个重要因素：在工作过程中，员工取得成功的方式会对其所在的团队产生怎样的影响？是会提高整个团队的业务水平还是更多地起到了一种削弱的作用？"他们完成任务的方式"和"他们是否完成了这个任务？"这个问题同样重要。在很多情况下，以一种错误的方式完成任务甚至会给整个团队带来毁灭性的打击。

在机械式评估过程中，人们很容易对员工是否完成任务这个问题做出回答：这是他的任务目标或这是他所实际完成的水平。两者比较，结果自然就出来了。但在完成这个任务的过程中，是否还有一些其他因素在发挥作用呢？他是否真的力挽狂澜，克服重重困难实现目标，还是以牺牲公司的长远利益为代价而取得暂时的成功呢？在完成任务的过程中，他是否合理地分配了工作？对于这些，人们往往想得很少。

正确的绩效评估方法应当是，中层管理者以求实的态度，对被评估者完成任务的方式抱有高度的关注。哪些人能够始终如一地完成任务？哪些人更加聪明、更加富有进取心，能够在面对困难的时候通过颇富创造性的方式解决问题？哪些人只是凭借运气取得了成功，而且丝毫没有采取措施取得更好的结果？哪些人为了完成任务不惜牺牲整个团队的士气和长期利益？针对不同情况加以不同的正确评估，被评估者会觉得公平，周围的人也会感受到领导者的管理水平。

4. 奖优罚劣——主流薪酬框架

传统的平均主义的薪酬体系已经不能适应现代企业的发展，甚至会对落实力企业造成损害。

如果高层领导者希望在企业内建立起落实力文化，如果高层领导者希望中层能够达成既定的目标甚至超越目标，如果高层领导者希望员工能充分发挥积极主动精神，就必须注意企业的薪酬框架即奖优罚劣，薪酬政策必须与绩效挂起钩来，加大对优秀中层及优秀员工的奖赏力度，使优秀员工与普通员工的薪酬有明显的差距。否则，干好干坏一个样，谁还愿意多付出努力为企业做贡献呢？

通用电气公司前总裁杰克·韦尔奇曾说："我力图确保在每一天的经营中，让最有效率的人得到最好的待遇；同时，我们必须察看那些绩效最差的人，并给予其一定的处罚。"

要在企业里建立起落实力文化，仅有奖励是不够的，对那些明显绩效差的员工，还要予以惩罚。如果奖罚不分明，其后果是相当可怕的。其一，会打击优秀员工的积极性。如果管理者奖励了一个不该奖励的员工，而把应该奖励者忽略了，把优秀的员工晾在一边不管不问，这会严重挫伤他们的积极性，并且使员工们形成出色工作还不如投机取巧的想法。其二，奖罚不明会失掉优秀人才。

一家小型炼油厂里，有个肯钻研的小伙子。他通过多年的实践经验并通过理论摸索，总结出了一套改进设备以提高出油率的先进方法。他把这个方案提交给炼油厂的经理，经理却不屑一顾，并对他说："我招你来是为我做事的，不是叫你去干那些不三不四的事，这样不是耽误我的事吗？回去后给我好好干活！"

按理，经理应该提倡技术革新，对从事技术革新并做出成绩的下属大加赞扬并且予以奖励。而这个经理不但没有给做出技改成绩的下属以奖励，反而把对方说了一顿，致使那个员工回去之后，愤而离职，转投到另一家炼油厂去了。

奖罚只是一种管理手段，奖罚分明会对工作的落实起到非常积极的效果。如果没有把握做到奖罚分明，还不如不奖不罚，因为奖罚不明所引起的不良后果远比不奖不罚大得多，甚至会使落实的结果偏离初衷。

四、落实到位的执行体系

1. 优化流程与构建体制

企业应通过不断发展完善优秀的业务流程来提高中层的落实力，以保持企业的竞争优势。致力于卓越流程的企业比其他企业会更明确怎样组织和管理其企业流程。它们的竞争哲学不仅基于优质的产品，而且基于卓越的具有落实力的流程管理。

业务流程并不是具体业务活动凑在一起的大杂烩，而是按照一定的组织程序联结起来的一连串业务活动。也就是说，各项业务活动的开展必须事先经过设计，保持结构上的连贯性。业务流程需要设计一个总体框架，在这个框架下确定需要完成的各项工作，然后将这些工作进行细分，确定具体的落实者、实施时间、操作地点。有些业务活动还涉及不同的部门，要协作才能完成。如果不以业务流程的方式加以管理，势必造成落实方式的混乱。实施业务流程意味着将所有的片断联结成一个完整的过程时必须进行结构性的设计。

流程和功能共存，并不意味着它们可以完全和谐地共存，就像一个人的要求和需要会与另一个人的相冲突。管理者必须为流程部门和功能部门划分明确的责任。

戴尔公司的流程，显示出他们对落实的极大重视。他们所运用的直接销售与接单生产方式，并非仅是跳过经销商的一种行销手法，而是企业策略的核心所在。虽然同时代的康柏也为电脑公司，员工人数与规模超出戴尔很多，但戴尔取代康柏，原因正在于此。

戴尔公司的业务流程体制大大提高了存货周转率，从而提高了资产周转速度。而对于其他很多企业来说，它们都没有意识到这种变化所带来的巨大收益。周转速度是销售额与企业投入的净资产之间的比率，后者一般指的是工厂设备、存货，以及应收账款减去应付账款的差额。较高的周转速度可以在提高生产力的同时降低运营资本量，还能改进企业的现金流——对于一家企业来说，现金流无异于生命线，因为它最终是提高企业的边际效益和收入及市场份额的有力保障。

对于电脑制造商来说，存货周转率尤为重要，因为存货通常是其净资产的最大一部分。当销售额低于预期水平的时候，那些根据传统理念进行生产的公司，都会在处理多余存货的问题上一筹莫展。而且，许多计算机元件，比如说微处理器，更新换代速度都很快，一旦新一代元件上市，旧元件的价格马上一落千丈。当这些电脑制造商被迫清理存货的时候，它们的边际利润就很可能会降低到零。

戴尔构建的落实型业务流程，使它一度占领了更大的市场份额。所以，企业如果有一种良好的流程体制，就能够将每一个环节的工作都落到实处。曾经在戴尔公司工作过很多年的一名制造部门的中层人员，把该公司的系统称为"我们所见到过的最棒的且最具落实力的流程体制"。

2. 建立快捷高效处理危机的反应系统

快速反应系统又称应激系统，是企业落实力顺利进行的硬件通道的重要组成部分。在企业发展一帆风顺的时候，往往忽略应激系统的建设，造成危机应对失当，使企业目标的落实到位大打折扣。

当企业将其经营范围向多种产品拓展时，如果对宣传机构对它的某种产品进行的不正确评价以及公众对此产生的消极反应并不在乎，甚至认为，随着时间的推移，消极反应会逐渐在人们的心中淡化，那就大错特错了。

有一年，世界最大食品制造商雀巢公司就曾犯了一个这方面的错误。当时，大众传媒的反向宣传、抗议者的口头抗议使雀巢公司的企业形象在普通公众的心目中越来越差，雀巢公司最终成为整个社会抗议的对象。那时雀巢公司受到影响的不仅仅是特定的产品，其他的产品、公司其他的部门，甚至只要带有雀巢标志的物品都统统受到了抵制。

事情是这样的：作为一家饮誉全球的公司，由于"二战"以后，婴儿食品销量剧增，于是雀巢公司向市场投放了一种糖质炼乳，是专门为6个月以下婴儿准备的母乳替代品。因为1957年发达国家共出生婴儿440万，所以这一年雀巢公司大发其财。

但到了20世纪70年代，美欧经济的衰退，导致其人口出生率下降，于是雀巢公司把开发和销售转向欧美以外地区——人口正急剧增长的重点地区。

其实,在全世界婴儿食品的市场中,雀巢公司一直是首屈一指的行业领头人——占有40%～50%的市场。纵观当时全球的婴儿食品行业,每年产生大约15亿美元的销售额,其中6亿美元来自不发达地区。因而,拥有40%市场份额的不发达国家成为雀巢公司一个重要的潜在市场。但由于生活条件的限制,不发达国家卫生条件差、文化水平低,加上一些消费者不正确使用产品,如水质污染、容器不干净等。将粉状婴儿食品与不干净的水相混合,再装入未经消毒并带有橡胶奶嘴的奶瓶中,加上一些母亲为了增加婴儿饮用次数,多加水来稀释食品等导致婴儿的营养不良和发病率增加。同时,雀巢工厂灭菌不严,也导致产品质量下降。

在市场营销方面,人们认为雀巢公司进行了误导。因为雀巢公司除了对消费者促销外,还直接针对医务工作者促销,同时通过电台、杂志、广告等多种媒体宣传,免费发送样品,如奶匙、奶嘴、奶瓶等。雀巢公司还通过"奶护士"来促销产品,这些"奶护士"实际上是变相的推销员。

1974年,一个叫"向贫穷开战"的英国慈善组织出版了一本8页的小册子——《杀害婴儿的凶手》。在这本小册子里,两家跨国公司——瑞士的雀巢和英国的一家公司被指责在非洲进行愚蠢的市场营销活动。

不久,一个设在德国的"第三世界工作小组"发行了德文版《杀害婴儿的凶手》,内容仅做了几处改动。小册子指责整个婴儿食品开发行业的同时,还说雀巢公司有不道德行为,并把那本小册子重新取名为《雀巢残害童婴》。

面对社会的指责，雀巢公司并未"悬崖勒马"，反而自以为稳操胜券地向法庭提起诉讼，控告这些组织破坏了雀巢公司的声誉。由此而进行的法庭诉讼持续了两年之久，引起了全世界对这本小册子的关注。一家赫赫有名的跨国公司与一家社会性的慈善机构对簿公堂，这在瑞士可以说是空前的，因此成了各传播媒介争相报道的大新闻。

经过复杂的法律程序后，雀巢公司胜诉，但法庭建议雀巢公司对自己的市场营销活动有所检点。事后，雀巢的一名高级官员承认：我们赢了这场官司，但我们的公共关系却遭受了一场灾难。

不久以后，调查中心和婴儿食品行动联盟这两个强烈反对雀巢公司的组织形成了。为减少婴儿食品公司的促销广告活动，各种机构相继成立。这些机构出面活动，迫使雀巢公司及其他厂商对其供销活动做出改变。其中有：产品信息必须承认母乳是最好的婴儿食品；促销和广告活动须征求专业医护人员的意见；护士制服只有专业护士人员才能穿，等等。但是，这些自我约束并未减轻广大社会公众对于婴儿食品生产厂家的批评和责难，尤其是占有世界婴儿食品销售市场50%的雀巢公司。

由于"违规"事件不断出现，美国对雀巢公司也进行了联合抵制活动。这一活动马上扩展到其他几个国家，美国和加拿大持续了近三年，其他国家的持续活动也持续了两年多。这些活动的要求有：停止使用所有的"奶护士"；停止散发各种免费样品；停止向卫生保健行业推销婴儿食品；停止向消费者进行婴儿食品的广告和推销等。

联合抵制活动得到美国450个以上的地方和区域组织者的支

持。在抵制最强烈的波士顿、芝加哥等地，成千上万的人签名抗议，呼吁从超级市场的货架上撤走雀巢公司的产品。这次联合抵制运动还波及大学校园，牛奶、巧克力、茶叶、咖啡和化妆品统统成了他们抵制的对象。

这些抵制活动的影响之巨大，不仅直接给雀巢公司造成了利润和业务损失，还间接使公众反对雀巢公司的观点更加明朗和具体化，并且引起了政府部门的反应。如有国家宣布一项严厉的法律制度，旨在抵制人造婴儿食品，连奶瓶、奶嘴也只有经医生开了处方才准购买。还有国家开始制定法律来减少母乳替代品的销售和广告。世界卫生组织制定了一项运用于婴儿食品行业的严格广告规定：不允许婴儿食品和其他断奶食品做广告或采取推销形式。

面对各国政府、组织接踵而来的告发、诉讼、抵制，雀巢公司再也不敢忽视公众的谴责力量了。为了挽回损失，雀巢公司决定在逆境中努力通过危机公关来尽力挽回影响。首先，雀巢公司把公共关系部上升到公司职能办公机构，并请世界上最大的公关公司希尔·诺尔顿公司帮忙；其次，把30多万袋资料邮寄给美国传教士；最后，向公共关系专家丹尼尔丁·埃德曼咨询，同时实行了对新闻界"开放门户、坦诚相待"的策略，并成立了由医学家、传教士、市民领袖及国际政策专家等10人组成的专门小组，对世界卫生组织的规定情况进行公开监督。

第二年五月，雀巢公司成立了雀巢婴儿食品审核委员会。该委员会与世界卫生组织、国际雀巢联合抵制委员会和联合国儿童委员会的代表共同合作，解决了实际中的四个冲突性问题，即送给医务人员和卫生保健人员宣传材料、标签礼品和对医院提供免费式补助供应；在待售的产品上标明使用婴儿食品喂养婴儿对社会和健康的影响；在婴儿食品标签上必须说明使用不干净的水稀释的有害性及母乳喂养的优点；禁止向卫生保健人员赠送礼品。

通过一系列公关活动及几年的时间，雀巢公司才使公众的敌对态度开始有所好转，公司受到一次深刻的教育。事后，营养协调中心主任小拉斐尔·培根说：公司必须敏感地、认真地倾听消费者和一般公众在议论些什么，并积极做出反应。

3. 危机就像吸血蝙蝠

在广袤的非洲大草原上，生活着一种叫作吸血蝙蝠的动物。它们虽然身体很小，却是野马的天敌。每当它们确定目标后，就会悄悄接近野马，然后趴在马腿上，这时野马根本不会觉察到宿敌的存在，仍然弯颈垂头吃草。吸血蝙蝠会用锋利的牙齿慢慢咬破野马的腿，当野马感觉到腿部疼痛时，会用蹄子踢一下，感觉疼痛似乎减弱了许多，便继续垂头吃草。不久，吸血蝙蝠把尖尖的嘴又伸进马腿伤口中，慢慢吸起血来，野马偶尔感觉到腿部又有疼痛感，便又踢踢蹄子，每当疼痛感稍稍缓解了，便又不再去理会，继续低头吃草。不久，野马会感到腿部麻木，而且全身发软，头昏眼花，便本能地用蹄子踢，用身子撞，但这时已无济于事了，一切都晚了。不一会儿，野马便轰然倒地，在痛苦中无可奈何地死去。

强壮的野马并没有倒在狮子、猎豹、豺狼等猛兽口下，而是倒在小小的吸血蝙蝠手里，表面上看的确让人感到不可思议，但这却是事实。道理十分简单：野马面对狮子、猎豹、豺狼等猛兽时，知道灾难将降临，会因恐惧、紧张、暴怒而本能地产生一种巨大的抗争力量，并仰仗它那高大的身躯、强劲的蹄子反抗，还可凭借它那矫健的腿脚和迅猛的步履逃离险境。但是当它遇到不起眼的吸血蝙蝠时，却没有意识到灾难在降临，甚至并没有察觉到，即使察觉了也并没当一回事，不在意，不在乎，无所谓，以致错过了抗争的良机，最终招致灭顶之灾。

在企业的市场经营中，"吸血蝙蝠"时时刻刻都在伺机叮企业一口。身为中层管理者，必须学会危机管理，否则，任何工作的落实都将成为一句空话。

同时，危机像吸血蝙蝠、普通的感冒病毒一样，种类繁多，防不胜防。当然，危机本身还蕴藏着机遇的成分，每一次危机的出现既可能是失败的根源，又孕育着成功的种子。最成功的危机管理就是将危机转化为获得成功的机遇，危机管理的精髓便是发现、拯救、培育，以便收获潜在成功的机会。

对企业而言，能够被称作危机事件的，一般具有以下三个方面的特征：一是突发性，危机爆发的时候，企业通常毫无准备，往往被危机打个措手不及，也难以在短时间内形成应对方案；二是隐秘性，危机在爆发前，它的征兆极不明显，往往被人们忽略，企业也难以做出预测；三是后果的严重性，危机爆发后，企业往往会遭受比较严重的经济损失，产生相当大的负面影响。有一点需要指出的是，危机的这三个特征是相对的，在某些特定的条件下，经过当事者的某些努力，其中的某个特点也可能消失，那么这个事件也就不再成为危机。

从危机的性质来说，企业碰到的危机大致可以分为以下几种：

①形象危机。企业的形象是企业的无形资产，对企业的生存有着举足轻重的作用。错误的经营思想，不正当的经营方式，忽视产品质量，忽视经营道德，服务态度恶劣，企业成员在公共场合的不当言行，都会造成企业的形象危机。企业遭遇形象危机，不"大换血"是难以过关的。

②经营决策危机。经营决策危机会给企业带来直接的经济损失，但它的外部影响却相对较小，只要处理得当，一般可顺利渡过。20世纪90年代，某著名集团在当时世界汽车业竞争激烈、产能严重过剩的情况下，贸然决定涉足汽车业，结果开张不到一年，就关门大吉。这就是企业决策者在生产经营方面的策略失误而造成的危机。

③突发性危机。这类危机是人们无法预测的、由于人们无法抗拒的力量所造成的。如地震、台风、洪水等自然灾害，战争、经济危机等。

④媒介危机。媒介危机是由于传媒对企业的负面报道所引起的。前面所谈到的雀巢危机的开端就属于这类。

不同性质的危机，处理方法也有所不同，但从落实效率的角度讲，对企业来说，最合理、最有效率也最经济的资源配置方式是对危机进行预防和准备，尽最大的努力去消除危机，减轻危机对资源的浪费。

危机虽属突发性事件，但并不意味着不能预防，管理者特别是中层管理者，防患于未然，将危机发生的概率降至最低是可能的。

管理者必须具备危机意识，预先考虑到各种不确定性与风险，制定各种策略去克服或降低危机，从而形成一整套有效的危机管理的应激系统。只有做到了这一点，才能在面临突如其来的危机时，从容不迫，沉着冷静。

4. 妥善处理危机的良方

在危机处理上，速度是关键。危机不等人，而主动出击往往是最好的防御。主动出击，果断承担责任，往往能够得到公众的谅解，尽可能地维护企业的形象。

妥善处理危机的良方有如下几点：

第一，建立快捷、高效的危机管理组织。

在危机发生时，以最快的速度建立"危机指挥部"，或"危机控制中心"，调集经受过训练的高级人员，配备必要的危机处理设备工具，以便迅速调查分析危机产生的原因及其影响程度，全面落实危机控制和管理计划。这一点十分重要，它是保证统一指挥、果断决策和迅速采取行动的前提，直接关系到危机能否尽快处理。解决危机，要求迅速决策，快速行动。为此，从总体上看，组织机构必须精简，需要做到统一协调，规章齐全，职责明确。从参与人员上看，根据危机的程度和类型不同，参与者也需有所区别。对于关系企业整体的重大危机，要包括企业的最高领导人，以保证危机决策和落实的权威性；同时要有企业中层管理者的参与，使企业的各个组成部分成为一个有机整体；此外还要包括相关专家，以提供专业咨询意见。

第二，迅速对危机进行确认和评估。

这是一项富有挑战性的工作。错误的估计形势将会给危机处理带来灾难性的后果。企业的最高领导人面对危机，应考虑到最坏的可能，必须对危机所造成或者可能造成的危害以及影响有一个整体的把握，如是否导致破产，是否危及企业的生存，影响是短期的还是长期的，等等，以此为基础快速形成危机处理的主攻方向和重点。在危机状态下，中层管理者必须果断。在情报分析的基础上，迅速做出决定，供高层领导决策，将事态迅速控制住，否则危机就可能势如决堤，一溃千里。

第三，迅速隔离危机。

危机爆发往往是先在企业的某一方面或者某一部门，然后扩大到整个企业系统。此外，危机发生还具有"涟漪效应"，即一种危机处理不当，往往会引发另一种危机。因此，当某一危机产生后，中层应迅速采取措施，切断这一危机对企业其他经营方面的联系，及时将爆发的危机予以隔离，以防扩散，造成更大的损失。

第四，"合法转嫁"和分散危机。

在企业内部，可以根据危机发展的趋势，独立承担某种危机损失，如关闭亏损部门，停止生产滞销产品，主动撤出某一投资领域等，或者由合作者、股东来共同分担企业危机。

在企业外部，可以采取的分担措施包括：其一，通过资本运营，将危机承受主体由企业单一承受变为由多个主体共同承受，如采用合资经营、合作经营、发行股票、资产重组等办法分担；其二，如果是下游企业，可以通过提高价格等"合法方式"转嫁风险；其三，如果投保，及时向保险公司索赔，尽快取得流动资金；最后，要维护企业形象，做好危机公关。

一般情况下，危机的发生会使公众产生种种猜测和怀疑，有时新闻媒体也会有夸大事实的报道。因此，企业有了危机，要想取得公众和新闻媒体的信任，必须采取真诚、坦率的态度。越是隐瞒真相，越会引起更大的怀疑。

在与新闻媒体沟通时，企业要掌握舆论的主导权，尽量以组织发布的消息为唯一的权威性来源。在危机发生而真相尚未查明前，可向媒体提供背景材料，介绍发生危机的初步情况、企业采取的措施，以及与事件相关的资料来占领舆论阵地。

企业需要慎选对外发言人，发言人应当具备足够的权威，对企业的各个方面和危机事件十分清楚，同时头脑清晰、思维敏捷。企业在处理危机时，应当以社会公众利益为重。企业可以邀请公正权威性的机构来帮助解决危机，以协助保护企业在社会公众中的信任度。由社团、权威性机构出面讲话，一般会给人公正的感觉，容易得到公众的信任和舆论的支持。

第四章

落实到位的软件通道

这里所说的"软件通道"，好比人体里的经络、穴位和神经系统。放在企业管理系统中，体现的是一些无形或更深层次的要素，像工作习惯、上下级关系，以及理念、信念、行为规范等。

一、正确的信念决定落实力

1. 让正确的价值观深入人心

价值观是软件通道的核心，对于"同化"每一位员工、协调企业、统一企业的所有行动作用巨大。因此，如果要构建落实力文化，就必须选择正确的价值观，用价值观来引导企业的行动，这一点极其重要。在这一方面，英特尔公司做得较为突出。

英特尔公司的每个员工都挂着写有公司价值观的胸卡，卡上显示："最重要的是我们的6条价值观已深入员工内心。"在公司价值观的引导下，所有人都变成了"英特尔人"。

英特尔公司的6条价值观起到了指引员工努力方向的作用，倡导员工要有"结果导向"，要有"冒险精神"，做得比竞争对手更快、更好。

英特尔公司的6条价值观包括：注重结果、客户至上、纪律严格、质量为本、冒险精神、良好的工作环境。

如何理解这些内容呢？价值观中最核心的就是注重落实结果和良好的工作环境。做事情一定要有程序和方法，但如果把程序作为主要目标，一天到晚谈怎么做，却不行动，最后就会被淘汰。

英特尔公司把结果放在首位，说明了落实的重要性。

英特尔公司有三类培训课程：技术、技能类，企业文化类，价值观类。他们会教员工如何理解价值观，并传授相关技巧。比如他们在倡导"注重结果"时，强调"建设性对抗"。做事情难免要和别人冲突，他们会教员工一些有效的方法，使大家发生冲突后仍能保持团队的和谐。

价值观的教育要深入员工的内心，而非仅挂在墙上。价值观是一种理念、一种意识，那么，如何才能将其落实到员工的具体行动上呢？英特尔公司的领导人不会强迫员工去做什么，而是总对员工说，如果你要在英特尔成功，一定要有本企业的价值观。当员工心里有这个理念后，他们会再教他一些技巧帮助他巩固下去。在英特尔工作的员工，包括英特尔的 CEO 克雷格·巴雷特自己，都有一种强烈的感受：自己被"英特尔化"，自己成为"英特尔人"了，指的就是这个熏陶过程。

此外，英特尔公司有各种各样的奖励方式，用以鼓励既符合英特尔的价值观又有突出成果的员工，颁发的奖状上会列出英特尔的 6 条价值观，并会在其行为所符的价值观中打勾，以表彰其所起到的价值观表率作用。

除了公司的奖项外，员工之间也会颁发"自发贡献奖"，员工可以自行制作印有 6 条价值观的小奖状，到需要感谢的对方员工的部门会议上去颁发。

任何企业的价值观教育都是必要的，它是企业构建落实力文化，从而最终在市场上保持正确航向的软件条件。

2. 培养员工高尚的道德观念和敬业精神

研究员出身的罗伯特·贝斯特仅仅靠一万美元就创建了国际科学应用公司。如今，国际科学应用公司已成为美国最大的股份制技术公司。它的 5.8 万名员工向世界各地的企业和政府部门提供多种类型的研究、工程技术、软件及系统一体化服务，每年为公司赚取的销售利润超过 16 亿美元。同时，公司每年都向投资者支付其利润 20% 以上的回报。

这样一个非常成功的企业，它成功的秘诀是什么呢？答案很简单：高尚的道德观念和雇员的敬业精神以及企业完备的落实力。那么，怎样培养员工的道德观和敬业精神以提高落实力呢？贝斯特采取了下列 4 个步骤。

（1） 加强每个员工的道德观念

贝斯特从一开始就认识到，如果公司员工在其经营活动中具有良好的道德观念和笃实的品质，其长远的赢利目标就将得到最大限度的落实。企业绝不可能靠欺骗公众或利用合伙人的手段来保持长久的繁荣，不道德行为最终会受到惩罚。为了确保公司具有高尚的道德观念，贝斯特明确并一贯地表示，具有高尚的道德是每一个员工的首要责任。

对此，贝斯特解释说："首先，因为这是正确的。第二，不道德行为会在很多方面使企业付出代价。一个人如果封锁信息、散布谣言或怂恿一个人反对另一个人，就会妨碍员工间的团队协作，加重企业组织的内耗。不道德行为也会由于失去顾客、引发法律诉讼、招致罚款或其他政府行动而增加公司的外部支出。"

国际科学应用公司的中层管理者经常向员工宣讲高尚的道德观念，公司还设立了热线电话，以便任何人对员工的不道德行为随时举报。贝斯特说："我们从事的是科技行业，而科技行业有时存在着背离道德准则的行为，如环境问题、防护合同费用过大等等。因此，我们必须采取有力措施，以确保所有员工都清楚地认识到我们有义务严格遵守道德和法律准则。"

（2）鼓励员工充分发挥自身的潜力

勤奋之于道德也是十分重要的。当公司的经营道德观念得到认同后，公司要求每个员工都要为了公司的利益勤奋工作。

贝斯特说："员工应充分发挥自身的潜力。如果他们希望在这个实行雇员股份制的公司里得到一定股份的话，尤其应该勤奋工作。而若滥用制度、工作懒散或耍花招消极怠工，团队协作以及同事间的友谊和忠诚就会受到影响，公司的内耗就会上升。"

（3）增强员工对企业的热爱程度

贝斯特认为，保证员工在工作中更勤奋、更讲道德的最好办法就是确实使他们热爱本职工作，热爱自己的企业。

贝斯特说："我们一直在寻找各种办法，使员工在工作中有发言权，有发表自己看法的权利。我们公司有一百多个委员会，这些中层机构可不是装门面的，它们召开会议并做出决定。而参加这些委员会的员工会更深刻地感受到自己是公司的一部分。我还告诉员工们，假如他们无法通过正常渠道反映自己的意见，就来直接找我或其他高级经理。"

（4）公平地奖励工作成绩

贝斯特说："如果你想让你的员工取得公司的既得利益，一种有效的办法就是使其承担起损益责任，而更好的办法则是给他们以公正的对待。这会带来两方面具体有形的好处：首先，这是一种补偿手段，以使员工们得到辛勤耕耘的收获，是一种公平的做法；其次，这是一种促进因素，会使员工们更加努力、更加聪明地工作。"

贝斯特的看法得到很多管理者的认同。贝斯特还认为，每个员工都对企业经营的最终成功或失败负有责任。他说："如果你同别人共同享有公司的财富，别人就将帮助你取得成功。我们鼓励员工具有勤奋敬业的精神。大多数与我们一样规模的技术公司承担大约 500 个合同，而我们却多达 5000 个。我们的合同项目一般资金为 30 万美元，同时还有很多小的合同项目，有的资金仅为 2.5 万美元。如果有人需要我们做一件事情，即使是很小的一件事，我们也会去做，因为那或许会带来意想不到的收获。"他向人们表明，如果你仅仅凭赚多少钱来衡量自己的成功，那么，你的个人成功只能以你的薪水来衡量了。

附录：麦当劳的"QSCV"理念

理念可以影响企业和每个员工的具体落实行动，这对形成完备的落实软件通道具有举足轻重的作用。许多企业都靠理念获得了成功，在这些企业中，麦当劳尤其突出。"QSCV"是麦当劳独特的经营理念，正是凭着这套经营理念，麦当劳走向一个又一个辉煌。

Q 代表优质（quality），麦当劳为保障食品品质制定了极为严格的标准。麦当劳对品质管理十分严格，食品制作超过一定期限（汉堡包的时限是 10 分钟，炸薯条是 7 分钟）就舍弃不卖，所有原材料在进店之前必须接受多项质量检查，其中牛肉饼需要接受检查的指标达到 40 多个；每箱马铃薯都要进行"八角试验"，就是检查每一个箱子的八个角，如有一处受损，即说明途中受到碰撞，不符合质量要求；奶浆的接货温度不超过 4 度；奶酪的库房时间为 40 天，上架时间为 2 小时；水发洋葱为 4 小时；肉饼必须由 83% 的肩肉与 17% 的上等五花肉混合而成，等等。麦当劳对生产汉堡包的每一细节都有详细具体的规定和说明，从管理经营到具体产品的选料、加工等，甚至包括多长时间必须清洗一次厕所、煎土豆条的油温应有多高等细节，可谓应有尽有。更有甚者，从一粒冰的大小形状到放入纸杯、倒入饮料的方法都一一规定。这一切使麦当劳出售的食品高度标准化，做到任何一间分店的食品质量和配料都一样，也同样保证麦当劳食品送到顾客手中之前，经过了一系列周密的品质保证系统。这种重视品质管理的做法，使顾客能安心享用食物，从而赢得了顾客的信任，建立起了高度的信誉。严格的标准使顾客在任何时间、任何地点所品尝到的麦当劳食品都是同一品质的，以质量取胜。

S 代表服务（service），是指按照细心、关心和爱心的原则，提供热情、周到、快捷的服务。麦当劳运用服务来达到甚至超过顾客对其的期望。麦当劳对经理人员的挑选十分严格，认为经理人员必须具备两个基本条件：一是懂得"人际关系学"，善于同顾客协调关系。二是必须接受"汉堡包大学"的专门训练，并获得

"汉堡包"学士学位。此外，麦当劳注重每一个员工的素质培养和积极性的调动，培训员工替顾客着想，规定"服务员的目光必须注视每一位顾客并面带笑容"，对还分店最佳店员颁发奖牌一枚，以示其荣。

麦当劳认为麦当劳公司的前途不是某个人的，若要使它立于不败之地，必须整体迈进，这就必须提高每一个员工的素质，让他们与公司融为一体，做到共同发展。

麦当劳还为员工提供设备和权利帮助顾客。麦当劳餐厅的服务员谦虚有礼，餐厅设备先进便捷，顾客等候的时间很短，还备有各类消过毒的干净的食品包装袋，方便顾客使用。餐厅布置典雅，播放轻松的乐曲，使顾客在用餐之余能得到优美的视听享受。有些麦当劳餐厅为方便儿童，还专门配备了儿童桌椅，设立了"麦当劳叔叔的儿童天地"，甚至考虑到了为小孩换尿布问题。

C代表清洁（cleansing），麦当劳制定了必须严格遵守的清洁工作标准。如工作人员不留长发，妇女要戴发网，餐厅内不许出售香烟和报纸，器具全部是不锈钢的，顾客一走便要清理桌面，做到窗明、地净、桌面净。员工上岗前必须把手用特制的杀菌洗手液搓洗20秒，然后冲净、烘干。麦当劳不仅重视餐厅和厨房的卫生，还特别注意餐厅周围和附属设施的整洁，连厕所都规定了卫生标准。麦当劳认为，如果一个顾客在用餐之后走进的是一个肮脏不堪的洗手间，很难想象他下次还会再次光顾这家餐厅。

清洁标准使服务人员养成了良好的作风，也使麦当劳以清洁闻名于全美乃至世界。在这样的环境里，顾客也养成了良好的饮食习惯，在用餐完毕后自觉地将废弃物扔入专设的垃圾箱内。因此有人认为，麦当劳成功的主要原因是它把马路旁边不太干净的熏鸡店改成了干净舒适的家庭餐厅。麦当劳从第一家分店开张的第一天起就将清洁这一宗旨贯彻至今，做到了从厨房到餐厅到休息室到停车场，所有设备都保持干净和整洁。

麦当劳还积极参与当地的环保活动，发起"再回收"运动。从厨房到门前的人行道，处处体现着麦当劳对清洁卫生的重视，使顾客在麦当劳享受到干净、舒适、愉快的用餐环境，同时也树立了麦当劳"清洁"的良好形象。

V代表价值（value），即物有所值，是进一步传达麦当劳的"向顾客提供更有价值的高品质"的理念。现代社会逐渐形成商品品质化的需求标准，而且消费者的喜好也趋于多样化。如果企业只提供一种模式的商品，消费者很快就会失去新鲜感。麦当劳虽已被认为是世界第一食品连锁大企业，但它仍须适应社会环境和需求变化，否则将无法继续生存。麦当劳强调价值，即要附加新的价值。

麦当劳的食品讲求味道、颜色、营养，而价格与所提供的服务一致，让顾客吃了之后感到真正的物有所值。同时，麦当劳还尽力为顾客提供一个宜人的环境，让顾客进餐之余得到精神文化的享受，这都是无形的价值。许多人在接受媒体采访时说："我们全家人都愿意到这里来吃，因为麦当劳的食品和服务是价值相符的，简单说就是一个字：'值'。"

物有所值是麦当劳对顾客的承诺，麦当劳同时致力于两个方面，一是寻找降价后企业能更有效地运行，二是努力提高顾客的满意率。正是在这两方面的努力，促使顾客不断走进麦当劳店。

　　如今，麦当劳的连锁店已遍布世界各地，金灿灿的"M"是麦当劳的标志，麦当劳出售的不仅仅是汉堡，是服务，也是全新的快餐经营理念。

　　"QSCV"的企业精神是麦当劳快餐店在激烈的市场竞争中立于不败之地的立足之本。

二、沟通—开放—互动

1. 从无效沟通到有效沟通

积极充分的沟通是有效落实的基础，如果公司内部无法进行活跃的对话，企业就不可能真正实现有效落实。

不管领导者是否承认，很多企业内部确实存在着沟通的障碍。对于坦诚对话的阻力有时来自于领导者本人，有时则来自于企业文化，但更常见的无效沟通却是由于相关人员的疏忽大意造成的。

一位管理专家曾归纳了企业中常见的无效沟通的三种模式："在第一种模式中，中层接受了一个很不错的企业愿景，接着，只开了一两次会或发出几篇备忘录就来推销这个愿景。一整年中，中层只花了少数时间在沟通上，却对下属似乎不能理解这个新愿景感到惊讶。在第二种模式中，企业中层管理者花很多时间对下属发表演说，愿景沟通在这种模式中所花的时间远比第一种模式要多，但总时数仍然少得可怜。在第三种模式中，中层用了更多力气在内部通讯和演讲上，但由于一些受人瞩目的高层举动与公司的愿景背道而驰，结果员工对信息的信任度越来越低。"

不管你的企业中存在哪种无效沟通，打破它是你唯一的选择。

当然，要想使企业内的沟通变得有效并不是一件容易的事，毕竟要改变企业长期以来的习惯是困难的。但不管有多难，企业也必须去做，因为这是有效落实得以实现的基础。

这一艰苦卓绝工程的突破口应该是中层管理者，中层管理者将自己有碍充分交流的"坏习惯"改掉，有效沟通才能有望形成。中层管理者在进行沟通时必须是开放式的，就像高层领导者对中层采取开放式沟通的态度一样。当然要做到这一点并不容易，但要想实现有效落实，各级领导者必须做出努力，必须真诚地听取反对意见并随时修改自己的方案。只有这样，才能避免在本应该进行开放的对话时却上演恭维、沉默、无言的反对等不应发生的"戏剧"。

领导者除了要以身作则、言行一致以外，还应在企业内部形成一种高于"面子"和"椅子"的文化氛围。活跃的对话的前提是对话者必须坚持自己的思想。如果对话者对自己的同事或领导不能做到不讲情面、不畏权威地发表自己的观点，坦诚的对话就不可能实现。只有当企业内部所有人员都形成了对真理的高度崇尚，才能对对方的观点进行直截了当的批评和反驳，才能进行真正有益于探求真理的对话。

微软公司内部就有这样一种对于真理的狂热追求的文化。任何人在发现别人——不管这个人是自己的上级还是下属——在某一事情上存在着错误的观点或错误的做法时，都会毫不留情地对他的观点进行反驳，并充分地表达出自己的观点，对方通常会虚心接受。这样会使工作取得非常好的落实效果。

在落实之前以及落实的过程中，人们不可避免地要依靠沟通的力量，不折不扣地完成落实工作。只有进行充分的沟通，让每一个落实者都坦诚地表达出自己的真实想法，才能做出一个所有落实者都认同的决策，而这种认同正是让战略决策具体落实到每一个环节上的精神动力。

2. 积极、开放而互动的对话

积极、开放而互动的对话可以使中层管理者更为有效地收集和理解信息，并对信息加以重新整理，以帮助高层领导者做出更为明智的决策。它能够激发人的创造性。实际上，大多数革新和发明的雏形都是在沟通的过程中形成的。积极、开放而互动的对话，能够为企业带来更大的竞争优势和股东价值。

积极、开放而互动的对话的前提是对话者必须解放自己的思想。对话者对人对事都没有先入为主的观念，更不会在讨论问题的时候有所保留，他们希望听到新的信息，并准备随时改进自己的决策，所以他们通常会注意倾听讨论中各方的意见，并积极参与到讨论当中去。

当人们敞开胸襟的时候，就会表达出自己真实的观点，而不是为了奉承或维持"一团和气"说些无关痛痒的话。实际上，"一团和气"是许多不愿意"得罪"人的中层管理者所"追求"的，它会扼杀人的批判性思维，并最终使得决策成为一纸空谈；一旦这股追求"一团和气"的风气弥漫到整个公司，所有问题的解决方式都可能变成这样：在主要人员离开会场之后，大家私下议论反对他刚才提出的建议；而他在场的时候，则没有一个人表示反对意见。

坦诚相待能够帮助人们消灭沉默的谎言和无言的反对，而且能够更好地避免落实不力的情况。

"要想做到坦白，谈话就不能过于正式。"这是杰克·韦尔奇的口头禅之一。过于正式的气氛会给谈话者带来高度的压迫感，而非正式的气氛则能够更好地鼓励谈话者自由表达自己的观点。正式的谈话和演示通常都不会留有很大的讨论空间，而非正式的谈话则是非常开放的，它鼓励人们提出问题，鼓励人们进行批判性思维，并更多地表达自己当时的真实想法。在正式的、等级清晰的会议当中，掌握权力的人可以轻而易举地扼杀一个很好的创意，但非正式的讨论却会鼓励人们相互评价各自的想法，在这个过程中相互促进，并最终达成一致。在很多情况下，许多听起来很荒谬，实际上却能给企业带来突破性进展的创意都是在非正式的谈话中被激发出来的。

韦尔奇认为，真正的沟通不是演讲、文件和报告，而是一种态度，一种文化环境，是站在平等的位置上开诚布公地、面对面地交流，是双向的互动。韦尔奇每年至少有一半的时间花在与员工相处上，去了解他们，和他们谈论问题。他至少能叫出1000名通用电气员工的名字，知道他们的职责，知道他们在做什么。他说："人类的思想创造是无限的，你只管去与他们交流就是了。我确信每个人都很重要。"他在通用电气公司建立起非正式沟通的企业文化：每个星期，他都会不事先通知地造访某些工厂和办公室；临时安排与下属经理人员共进午餐；工作人员还会从传真机上找到韦尔奇手书的便笺，这些便笺有给直接负责人的，也有给员工的，无一不语气亲切而又发自内心，蕴涵着无比强大的影响力。韦尔奇写这些便笺的目的就在于鼓励、激发和要求行动，表明对员工的关怀，使员工感觉到他们已经从单纯的上下级关系升华为人与人之间平等、相互尊重的关系。

GE 动力系统的商务经理约翰这样表达他对韦尔奇的印象，"我一点儿也不感到与韦尔奇有距离，我与他之间通常没有任何阻隔地交流。我会随时收到韦尔奇的 E-mail，每个 GE 员工都曾为收到韦尔奇电子签名的 E-mail 而惊喜，但后来会感到很自然，因为他会经常把对公司的看法直接告诉你。"这种非正式沟通让每个员工感到了韦尔奇的魅力。GE 塑料纽约曼哈顿厂的人力资源经理查理这样描述他第一次见到韦尔奇后，个人价值观的改变："韦尔奇来曼哈顿厂参观，当这个管理着 4000 亿美元的人走过来，伸出手对我说'你好，我就是杰克·韦尔奇'时，我的感觉是我的自信心马上改变了，我对自己的价值认识同时也提高了。"

附录：沃尔玛的"万能沟通法"

如果将沃尔玛公司的有效落实之道浓缩成一个思想，那就是沟通，这是沃尔玛成功的关键之一。沃尔玛公司以各种方式进行员工之间的沟通，从公司股东会议到极其简单的电话交谈，乃至卫星系统。他们把有关信息共享方面的管理看作公司力量的新的源泉。当公司仅有几家商店时他们就这么做，让商店经理和部门主管分享有关的数据资料。此后，商店开得越来越多，规模越来越大，模式也越来越规范，构成了沃尔玛公司管理者和员工合作伙伴关系的重要内容。

沃尔玛公司非常愿意让所有员工共同掌握公司的业务指标，并认为员工们了解其业务的进展情况是让他们最大限度地干好其本职工作的重要途径。分享信息和分担责任是任何合作关系的核心，更是实现公司落实力的关键。它会使员工产生责任感和参与感，意识到自己的工作对公司的重要性，觉得自己受到了公司的尊重和信任，从而努力争取更好的成绩来回报公司。

沃尔玛公司是同行业中最早与员工共享信息、授予员工参与权的。与员工共同掌握许多指标是公司始终恪守的经营原则。公司中每一件有关公司的事都被公开。在任何一个沃尔玛商店里，都公布着该店的利润、进货、销售和减价的情况，并且不只是向经理及其助理们公布，而且向每个员工、计时工和兼职雇员公布，鼓励他们争取更好的业绩。总裁萨姆·沃尔顿曾说："当我看到某个部门经理自豪地向我汇报他的各个指标情况，并告诉我他位居公司第五名，并打算在下一年度夺取第一名时，没有什么比这更令人欣慰的了。如果我们管理者真正致力于把买卖商品并获得利润的激情灌输给每一位员工和合伙人，那么我们就拥有了势不可挡的力量。"

总结沃尔玛公司的成功经验，交流沟通是很重要的一方面。在沃尔玛，管理者尽可能地同他的"合伙人"即员工进行交流。员工们知道得越多，理解就越深，对公司也就越关心。一旦他们开始关心，就什么困难也阻挡不了他们。因此，一个企业如果不信任自己的"合伙人"，不让他们知道事情的进程，他们就会认为自己没有真正地被当作"合伙人"。信息就是力量，把这份力量给予自己的员工所得到的利益将远远超过泄露消息给竞争对手所带来的风险。

沃尔玛公司的股东大会是全美最大的股东大会，每次大会公司都尽可能让更多的商店经理和员工参加，让他们看到公司的全貌，做到心中有数。萨姆·沃尔顿在每次股东大会结束后，都会和妻子邀请所有出席会议的员工约2500人到自己家举办野餐会，在野餐会上与众多员工聊天，大家畅所欲言，讨论公司的现在和未来。通过这种活动，萨姆·沃尔顿可以了解到各个商店的经营情况，如果听到不好的消息，他会在随后的一两个星期内去视察一下。股东会结束后，被邀请的员工和未参加会议的员工都会看到会议的录像，公司的报纸《沃尔玛世界》也会刊登关于股东会的详细报道，让每个人都有机会了解会议的真实情况。萨姆·沃尔顿说："我们希望这种会议能使我们团结得更紧密，使大家亲如一家，为共同的利益而奋斗。"

　　沃尔玛公司还积极鼓励员工讲出自己有建设性的想法，在公司经理人员办公会议上，经常会邀请一些有真正能改进商店经营的想法的员工和大家分享他的心得。曾有一名运输部门的员工，对于拥有全美国最大私人卡车车队的沃尔玛公司却要由运输公司来运送公司的采购货物感到大惑不解，他提出了用公司自己的卡车运送采购货物的想法，一下子为公司节约了50多万美元。公司表彰了他的建议，并给予他奖励。

　　多年来，沃尔玛公司从员工那里汲取了很多好的想法，并激励员工不断为公司的发展出谋划策，进一步增强员工们的参与和落实意识，使他们真正感受到自己的"合伙人"地位。

　　良好的沟通会对员工产生极大的激励作用，给他们带来巨大的精神鼓舞，自身的参与和工作被肯定，使他们感觉到自己对公司的重要性。任何员工都是可以被激励的，只要他们被正确对待，并得到适当的培训机会，对他们友善，公正而又严格，他们最终会把公司当成自己的家。因此，沃尔玛公司的"万能沟通法"，激励员工们不断取得佳绩。

三、文化力传承落实力

1. 文化——人力系统的"黏合剂"

无形的东西总是比有形的东西难于理解，所以对企业文化的认识存在各种偏差也就不足为怪了。最常见的问题在于，企业只注重企业文化的表层形式，而忽视企业文化的内涵。

对企业文化的理解，首先要从对文化的理解开始，即考察文化是怎样把人凝聚在一起并规范人们的行为、保持新思想和传统习惯的平衡的。一旦有了对文化的基本认识，企业文化的含义就会变得清晰起来，管理者才能采取更加有效的步骤建立、发展企业文化。

文化可以帮助我们对不同群体中人的观念、行动和行为模式进行解释。领导者总是试图了解和预知其部下建立在企业文化倾向性之上的需求。不少企业都拥有并使用只有本企业员工才能心领神会的词汇，因为它们代表的是一种充满情感的联系，能够引发彼此心灵的共鸣。

例如，在迪斯尼乐园，没有员工这回事，在第一线干活的员工叫"演员"，而人事部门的工作就是"分配角色"。不论任何时候，只要你的工作需要接触公众，你就是"前台"。

在星巴克公司，员工也不叫员工，而叫"合伙人"。这是由于在 1991 年，星巴克开始实施"咖啡豆股票"计划，它是面向全体员工（包括兼职员工）的股票期权方案。其思路是：使每个员工都持股，成为公司的合伙人。这就把员工与公司的总体业绩联系起来，无论是 CEO 还是任何一位合伙人，都采取同样的工作态度。星巴克公司董事局主席兼 CEO 霍华德·舒尔茨将公司的成功很大程度上归功于这种"伙伴关系"的独特性。他说："如果说有一种令我在星巴克感到最自豪的成就，那就是我们在公司工作的人中间建立起的信任和自信。"

出色的企业对于自己从哪里来、到哪里去、怎样发展总是有一套说法，这也是构成组织语言的极为重要的部分。例如，曾任英特尔公司董事长的安迪·格罗夫提出的"适者生存""战略转折点""10 倍速变化"等概念，每个英特尔员工都耳熟能详。从创立之初，英特尔公司就着力追求卓越，提出一个响亮的口号——"英特尔说到做到"；之后，更把"以结果为导向"作为公司的首要文化准则；此外，公司还善用"建设性对抗"和"参与式决策"等诸多管理"利器"。企业的这些文化举措，深深植入全体员工的脑海中，当被问到自己企业与其他企业的不同时，上述概念往往被员工们脱口而出，它们实际上已成为企业特定文化的一种表征。

除特定语言之外，许多企业拥有强有力的信仰作为其文化的基础。不论一个公司的价值观是以什么样的形式表现出来的，比如使用使命宣言、目的宣言、管理信条、企业愿景，或者混合所有这些形式，员工们都会依赖共有的价值观念指导自己的落实行动。

美国西南航空公司是一家出色的企业。它认为，工作应该是好玩的和有趣的。在飞机上，它的员工穿着节日盛装，在安全示范的时候开玩笑，并在旅程中为乘客唱歌。

在 IBM，以下几条信仰是作为"金科玉律"的：第一，公司每一位员工的尊严和权利都得到重视；第二，为本公司产品在世界各地的消费者提供最上乘的客户服务；第三，为达到公司目标，运用最佳运营方式来进行每一项业务活动。这些信仰把 IBM 的员工变成具有高素质和高度积极性的群体。

在柯达公司，公司崇尚的价值观有 6 个，即尊重个人、正直不阿、相互信任、信誉至上、精益求精和力求上进。后来，在董事长兼 CEO 邓凯达的建议下，柯达正式确立了第七个价值观"论绩嘉奖"，即对员工所取得的成就和成功进行表彰和祝贺。

通过持续不断地强调和增进企业的价值观念，管理者以鼓励员工正确看待自己和企业，培养共享集体成功的意识，更好地强化员工之间的纽带为准则，将企业不断地带向成功。

有关价值观和信仰的重要意义，IBM 前董事长小汤姆·沃森1962 年在哥伦比亚大学的一次演讲中，总结得颇为精辟："就企业相关经营业绩来说，企业的基本经营思想、企业精神和企业目标远远比技术资源或经济资源、企业结构、发明创造及随机决策重要得多。当然，所有这些因素都极大地影响着企业经营的业绩。但我认为，它们无一不是源自企业员工对企业基本价值概念的信仰程度，同时源自他们在实际经营中落实这些概念的程度。"

在信仰和价值观念的基础之上，企业还常常创造和重复那些经过特别设计、用以强化信仰和价值的仪式。仪式是一种十分古老的传递文化的形式，指一群人用行动来体现象征意义。"仪式"一词在人们头脑中产生的往往是一种充满精神意味的意象。

实际上，在企业文化实践中，仪式可作为非常简单的用来强化企业历史和价值的做法。例如，一些公司会举办某种仪式充满激情地庆祝重大的里程碑式的事件，如合同的签署或项目的完工；一些公司会举行迎新会欢迎新员工，以确保新加入群体的成员有一种家的归属感。

在大规模提供服务的迪斯尼公司，员工都得上迪斯尼大学，而且只有在"第一号传统课"及格以后，才能接受专业训练。"第一号传统课"要进行一整天，在这一天里，要向新聘用员工不断讲解迪斯尼的宗旨和经营方法。从副总裁到入口处收票的业余兼职员工，谁都不许免修这门课。迪斯尼认为，新"演员"们只有了解了关于本公司的历史成就和管理风格等知识，他们才能真正投入工作。"第一号传统课"还要向每个人讲明公司各部门——营业、游览场所、饮食、市场经营、财务、商品经营、娱乐等各部门之间的关系，以及这些部门和"前台表演"之间的关系，换句话说，就是要传达"我们大家该怎么一起来把这台戏唱好"。

在日常生活中，产品上市典礼、运动会、生日晚会、春节联欢会等，都可成为一种仪式，但不管形式如何，企业的这些仪式都会给员工造就一种"我们能成事"的共同感觉。

2. 具有落实力的企业文化特点

杰出的企业大都具有卓越的文化。20 世纪 80 年代初，美国哈佛大学教育研究院的教授泰伦斯·迪尔和麦肯锡咨询公司顾问爱耸·肯尼迪在长期的公司管理研究中积累了丰富的资料。他们在 6 个月的时间里，集中对 80 家公司进行了详尽的调查，写成了《公司文化——公司生存的习俗和礼仪》一书。该书在 1981 年 7 月出版后，就成为最畅销的管理学著作，后又被评为 20 世纪 80 年代最有影响的十本管理学专著之一，成为论述企业文化的经典之作。书中用丰富的例证指出：杰出而成功的企业都具有强有力的企业文化，即为全体员工共同遵守，但往往是约定俗成的而非书面规定的行为规范，并有各种各样用来宣传、强化这些价值观念的仪式和习俗。正是企业文化这一非技术、非经济的因素，促进了企业中大至决策的产生、组织中的人事任免，小至员工们的行为举止、衣着爱好、生活习惯的规范的形式。

时代在发展，企业文化的价值追求也在不断更新完善。从 20 世纪 90 年代以来世界企业文化发展的趋势来看，企业文化呈现出了围绕提高企业落实力塑造各具特色的企业文化的趋势，具体表现在以下几个方面：

①以人为本，提高企业的落实力，尊重作为行为主体的人，重视组织生产经营中人的积极性和能动性，始终坚持把提高人的素质作为组织发展生产的首要条件来抓。

②以企业目标和企业发展战略作为目标引领，提高企业落实力，重视围绕企业目标和组织发展战略，培养全体员工的组织精

神、组织价值观和道德意识。

③培育有落实力的文化以提高企业的落实力，重视企业整体物质环境和精神环境的管理，创造良好的文化氛围，培养员工的集体意识，尊重、爱护、理解、关心和激励员工，培育为企业做贡献的团队精神。

④以团队成员参与的方式培育企业文化，提高企业落实力，重视员工参与管理的作用，鼓励员工为企业献计献策，产生以企业为家的归属感、责任感，与企业共命运。

有落实力的企业文化作为现代企业管理的内在灵魂，在其具体展开和实践上有以下四个突出特点：

①集体性。企业文化是在生产经营过程中，逐步将自己的价值观、规范和制度积淀下来的，是一个长期的积累过程。企业的经营观念、道德标准、行为规范都必须由企业内部的全体成员共同认可和遵循，企业文化是依靠企业全体成员的共同努力才得以建立和完善起来的。

②规范性。企业文化是由企业内部全体成员创造出来的，具有整合功能。这就要求企业中个人的思想行为与企业的利益相关联，即应当符合企业的共同价值观，与企业文化相一致。当员工与企业产生矛盾时，应当服从企业整体文化的规范和要求。在这一规范下，力图使个人利益与集体利益、个人目标与企业目标统一起来。

③独特性。"世界上没有两片完全相同的树叶"，有落实力的企业文化都建立在提高企业落实力的基础上，但不同国家制度、不同文化背景下的企业文化，在其价值追求的表现上会有差异。

即使是同一国家，不同企业间的企业文化也不相同，不同的企业背景、运营状况、企业领导者素质等都可能对企业文化造成影响。企业文化是经过企业成员集体创造、享用、继承、更新的，具有相对稳定的特点，使员工有依据、遵循的可能。在一个企业内部，企业文化是有共性的，而在不同组织之间，则更多地呈现出个性、特殊性。

④实践性。企业文化建设不是口头上概念化的东西。一个企业内，文化的形成不是因为规章制度。企业文化必须是经过各种实践才能确立的。实践才能检验企业文化的优劣，以便进一步改进和完善。

没有任何一个企业愿意在竞争中失败，但企业在激烈的市场竞争中能够生存下来必须具备其他竞争对手不具备的竞争优势，这些竞争优势可以是企业的过硬技术、强大的营销体系、团结的领导层等等。而竞争的最高境界和层次可以归结为企业文化之间的竞争。

IBM 咨询公司对世界 500 强企业的调查表明，这些企业出类拔萃的关键是具有优秀的企业文化，它们令人注目的技术创新、体制创新和管理创新根植于其优秀而独特的企业文化，企业文化使它们拥有超强的落实力并位列 500 强而闻名于世。

3. 落实力生根的前因与后果

王强被任命为总经理，接手一家企业，几年辛苦下来，改革成效辉煌。一度停滞不前的企业，后来以惊人的速度扭转颓势并推出新产品。虽然不全是商场的赢家，却让公司在 5 年内营业额增长

62%，净值增加 76%。比起前 5 年营业额增长 21%、净值增长 15% 的成绩来看，这个成果相当显著。

当王强离任时，无人意识到新的达成有效落实的作业方式尚未在公司生根。即使有人担心，也会认为问题不严重。毕竟，企业气象焕然一新，而且成果不容否认。

王强离任两年中，无论新产品的推出速度还是在市场上的成果都直线下滑。整个过程并非没有预警，问题也是逐渐累积而来的。但一开始，没有人注意到这种情况。

是什么原因造成这种情况呢？继任者在调查后发现，这家公司的所有变革与原先的企业文化并不相容，但它们之间的不相容却从未正面"交锋"过。当王强夜以继日地强化新的落实方式时，这股力量压过了原本企业文化的影响力；可是当王强卸任，转型计划结束，原来的企业文化又"抬头"了。

对文化问题敏感的人会注意到这种不协调的紧张关系，但由于冲突只发生在一些小地方，大多数人根本没有察觉。在强势的领导者面前，愿景的沟通、管理的加强、绩效评估方式的改变等种种落实都朝支持变革的方向改变。你必须认真地、仔细地、耐足性子倾听，才会听到内部原有企业文化努力维护自己的声音："我不同意，我……"

这是一股力量，由于没有人注意到这个问题，工作重点不可能在文化上生根，改革便不可能深入到核心文化或取代核心价值。

因此，在王强走后半年内，各级主管就开始争论管理方式与经营的优先顺序。此后，争论升级，最后变为企业落实力与企业文化的冲突，严重影响了企业的生产发展。

在一个群体中，行为规范是人们共通并能持续长久的一套行为方式，所有团体成员往往会遵循既有制度，并抵制不合规范的"异类"。在一个群体中，大多数人会看重共同价值，并把它当成目标，进而塑造群体行为模式，以至于即使组织成员变迁，这种行为模式也仍然可以持续下来。

在大企业中，你很容易发现，企业文化能影响到每一个人，无论在哪个地点或哪个层级。企业文化的重要性在于，它有能力影响人的行为并很难改变。

因此，当落实计划的新作业方式与相关文化不相容时，前者很容易功亏一篑。即使经过数年努力，如果新的文化不能根植于群体规范和价值中，无论是工作部门、事业部门还是整个企业的变革，都很难顺利前行。

四、建立落实文化

1. 创新促进文化变革

落实力促进文化变革，这是顺应时代发展的。如果落实力不能扎根于企业的文化中，它就不能在企业中生根成长。要想使落实力不会因领导更换等因素而消失，就必须在企业内部建立一种落实文化。这种落实文化应当以企业动态互动的组织模式为基础，这种组织模式体现出来的价值观，就是企业文化的核心。

在企业内部实现有效落实，一般以实践方式来达到：由领导者制定目标，根据这些目标考虑建立一种与之相适应的动态组织结构，在不断落实的过程中不断补充完善这种结构，直到阶段性目标得以实施。这是一个永不停止的改进过程。这种改进过程不仅仅是行为上的巨大变革，也是一种观念上的巨大变革。实际上，这就是通常人们所说的文化变革。

有效落实导致企业发生变革，企业变革导致文化变革，文化变革又使落实成为企业文化中的核心观念，这样，落实型文化在企业内部就得以完成了。

但是，有效落实的问题同样需要面对文化变革问题。由于文化是企业的软件部分，不论"变革"抑或"建立"，没有文化意义上的改变，就没有一个企业整体的落实框架的形成。但文化的变革是在落实方式的变革之后产生的，只有二者最后交融在一起，才能导致一个企业新的落实文化的诞生。

研究发现，高瞻远瞩的企业都希望企业文化生根发芽，希望在此基础上形成严谨、利于发展的文化，并通过精心培养接班人和中层管理者以确保文化的传承与发扬光大。尽管这些企业的业务和环境发生了巨大变化，但他们的核心理念很少变化。在此基础上他们不断刺激进步，甚至树立激进目标，从而保持内部变革能力和对环境的适应能力。

在企业里，只有一个人或几个人具有落实力是远远不够的。一个企业的生存和发展，需要一大批落实型中层管理者，需要全体员工都具有落实的意识和能力。因此，将落实力融入企业文化中，才会收到最好的效果。

国际上一些大企业，如通用电气、IBM之所以成功，就是因为它们拥有具备强大落实力特征的企业文化。而另一些公司失败的根源，则是企业文化落实力特征的缺失，如JP摩根就是败在没有建立适应自己的落实文化这一点上。

具有系统的企业文化，能持续性、战略性地推动企业进步。但彼时精准的，此时不一定精准。落后的企业文化不但不能把企业推向成功的巅峰，反而会使企业陷入失败的泥潭。企业需要不断地对文化加以调整，使其保持积极性和对企业的指引作用，JP摩根并没有做到这一点。

JP摩根具有"贵族血统"，在1913年美联储成立以前，它拥有美国中央银行的地位，曾经是美国银行界的骄傲。那时的JP摩根，服务质量第一，市值全美第一。当年，在JP摩根银行开一个私人户头，就象征你已经进入了"贵族阶层"。

长久以来，JP摩根继承了自己的优秀文化，每位新员工都要接受光荣的历史和文化教育，并严格规范自己的言行举止。但后来它衰落了，其市值还不到花旗银行的十分之一，原因是它的文化落伍了。在拥有上千万百万富翁的今天的美国，银行已经"平民化"了，而JP摩根仍然在为"贵族"服务，于是它的市场份额每况愈下，最后只落得被美国大通银行收购的命运。

分析JP摩根失败的原因，企业文化是根源。落伍的企业文化使得企业内外都不能达到和谐，从而使公司落实力减弱，最终走向没落。

JP摩根的失败昭示我们，众多老牌企业曾经具有优秀的企业文化，但由于不再适应发展的市场环境，便落后于其他后起者。

企业总是处在不断的变化之中，这就要求企业文化也要保持对环境的适应性。再优秀的企业文化也要不断地创新，尤其是在环境变化越来越快、市场竞争越来越激烈的21世纪，企业必须更新自己的文化，才能由弱变强，由小变大。

许多企业由于重塑落实力文化，从而走上了成功之路。

有一家历史悠久、取得过无数辉煌业绩的大公司，在进入21世纪后却遭遇了巨大的阻力。一种"病毒"悄悄地侵入企业的机体，往日那些干劲十足的员工渐渐失去了工作热情，公司的糟糕表现令投资人大为不满，公司管理层也陷入了困惑和恐慌之中。

后来，经过深入调查，发现绝大部分员工对公司的价值观体系存在不认同及抵触情绪，公司的各种制度显得落后而不合理。这一切的根源在于公司在发展初期所确立的企业价值体系已不符合当前的实际情况。

　　于是，公司根据企业所处的环境状况及其发展趋势，对价值观体系进行了调整，检查并修改了公司的分配制度及各项管理制度。通过一系列企业文化变革，员工的士气很快得到了提高，企业又进入了良性发展的轨道。

　　这家公司正是由于成功地实现了文化转型，在公司内重构了落实文化，从而使公司重新焕发了生机。

　　企业文化根植于企业之中，改变它难度可想而知。但是，永远不变的事物是没有生命力的，只有根据环境的变化重构适应企业发展的落实型企业文化，企业才能在日趋激烈的市场竞争中立于不败之地，才能不断发展壮大。

　　在现实中，许多大企业在建设企业文化时，只有口号，而没有配套行动；只有高深的理论和精神，而没有将之融入企业的实际工作；只有文案上的一套企业文化策划书，而没有任何"实战性"的行动。因而，其企业文化就不能融化成企业现实的"文化竞争力"和"形象竞争力"。构建良好的企业文化对企业的发展大有裨益。但不可否认，仍有不少大企业对企业文化建设未给予足够的重视，管理者在对企业文化的认识和实践方面也存在很多误区，如企业文化一成不变、缺乏适应环境的创新等。

　　一个企业在其发展历程中，内外部环境肯定会不断变化，所以，企业文化不能一成不变，否则就有"老化"的危险。正如

《财富》杂志的评论员指出的：排在世界 500 强的企业，其异于一般企业的根本之处在于，它们总是为自己的企业文化注入活力，即在企业文化建设中始终保持创新的精神，唯有创新，企业文化才能永葆活力。市场是最实际的，它可以允许有创造力的人提前"入局"，但它绝不会容忍"货不对路"的角色霸住市场一隅不放。新生的企业往往是在倒下企业的"血泊"中崛起的，因为市场竞争的原则不是"先来先占"，而是"强者通吃"。

当然，培育企业有落实力的文化，是企业员工共同努力的结果，但这并不是说企业的每一位成员在培育和形成企业的落实力文化方面发挥着同样的作用。企业领导对培育落实力文化的重视程度直接决定着该企业落实力文化的培育和形成，一个强有力的领导班子可以引导形成企业强有力的落实力文化格局。

通用电气公司在 1981 年时，生产增长远远低于日本的同类企业，在技术方面的领先地位已经丧失，公司利润在 15 亿美元左右徘徊。当时的总裁琼斯任命韦尔奇接替他的位置。韦尔奇上任后，从文化变革入手，创建了一整套企业文化管理模式。韦尔奇指出："世界在不断变化，我们也必须不断变革。我们拥有的最大力量就是认识自己命运的能力。"认清形势、认清市场和顾客、认清自我，从而改变自我，掌握命运。韦尔奇为企业确立的目标是"使组织觉醒，让全体员工感到变革的必要性"。他提出了著名的"煮青蛙"理论：如果你将一只青蛙丢进滚烫的热水中，它会立即跳出来以免一死；但是，如果你将青蛙放进冷水锅中逐渐加热，青蛙则不会挣扎，直到死亡，因为到水烫得实在受不了时，青蛙已无力挣扎。韦尔奇告诫员工，通用绝不能像冷水中的青蛙那样，面对危险而得过且过，否则不出 10 年企业必定衰败。

韦尔奇的改革过程经历了 5 年，在这 5 年中韦尔奇顶住了来自各方面的压力，当时员工关心的是自己的晋升和职业保障，而不是企业的改革和文化的变革。韦尔奇启发大家：公司必须在竞争中获胜，必须赢得顾客才可能提供职业保障，企业发展了，职工才有晋升的机会。总之一句话：是市场和客户为员工提供了职业保障和职位。企业必须面对现实、面对市场、满足顾客的要求，才可能保障员工的基本需求和所有福利。他努力使通用的员工感到通用是自己的事业，是实现自身理想和价值的场所，并以此心态经营企业。

韦尔奇认为，管理的关键并非是找出更好的控制员工的方法，而是营造可以快速适应市场动态和团队合作的落实型文化机制，给员工更多的权力与责任，让员工与管理者实现互动。本杰明·罗森指出，正是由于韦尔奇对该公司的企业文化进行了成功的改革，创立了快速适应市场动态和团队合作的文化机制，才使通用成为企业界的奇迹。

一个企业的文化从一定意义上说是领导者管理理念的集中体现。为了使企业能更具竞争力，能更好地沟通，在"硬件通道"上，韦尔奇通过他著名的"数一数二论"来裁减规模，构建扁平化结构，重组通用电气；在"软件通道"上，则试图尽力改变整个企业的文化与员工的思考模式。韦尔奇说："如果你想让列车再快 10 公里，只需要加一加马力；而若想使车速增加一倍，你就必须要更换铁轨了。

资产重组可以一时提高公司的生产力，但若没有文化上的改变，就无法维持高生产力的发展。韦尔奇在谈到企业领导的"忙碌"与"闲适"时说："有人告诉我他一周工作90个小时，我会说：你完全错了，写下20件每周要你忙碌90小时的工作，仔细审视后，你将会发现其中至少有10项工作是没有意义的，或是可以请人代劳的。"相比之下，有些企业就太喜欢"形式"了：赞美"勤奋"而漠视"效率"，追求"数量"而不问"收益"，甚至很多企业的工资都只简单地依据所谓"工作量"来制定。"勤奋"对于成功是必要的，但只有在"做正确的事"与"必须亲自操作"时才有正面意义。我们不妨在"勤奋"之前先问问自己：这件事是必须要做的吗？是必须由我自己来做吗？那么，在抽出时间与精力后我们该干什么呢？韦尔奇的选择是寻找合适的经理人员（即中层管理者）并激发他们的工作动机。"有想法的人就是英雄。我主要的工作是去发掘出一些很棒的想法，扩张它们，并且以光的速度将它们扩展到企业的每个角落。我坚信自己的工作是一手拿着水罐，一手拿着化学肥料，让所有的事情变得枝繁叶茂。"韦尔奇提出了"扩展"的概念，其内涵是不断向员工提出似乎过高的要求，"'扩展'的意思为：当我们想要达到这些看似不可能的目标时，自己往往会使出浑身解数，展现出一些非凡的能力；而且，即使到最后我们仍然没有成功，我们的表现也会比过去更加出色。""年终时，我们所衡量的并非是否实现了目标，而是与前一年的成绩相比，在排除环境变量的情况下是否有显著的成长与进步。当员工遭受挫败时，我会以正面的酬赏来鼓舞他们，因为他们至少已经开始改变。若是因为失败而受到处罚，大家就不敢轻举妄动了。"在通用电气，"扩展性目标"只是一种激励的手段，而并非考核的标准。

"精简、迅捷、自信"，在韦尔奇眼中是现代企业走向成功的三个必备条件。韦尔奇坚信："单纯"意味着"头脑的清晰"和"意志的坚定"，"精简"则是内心思维的集中。韦尔奇要求所有经理人员必须用书面形式回答他设定的 6 个策略性问题，问题涉及自身的过去、现在和未来，以及对手的过去、现在和未来。扼要的问题会使员工明白自己真正该花时间去考虑的到底是什么；而书面的形式则强迫员工必须把自己的思绪整理得更清晰更有条理。韦尔奇要求为各项工作勾画出"流程图"，从而清楚地揭示出每个细微步骤的次序与关系。当流程图完成后，员工便可以对全局一目了然，可以理清哪些环节是可以被删除、合并与扩展的，这会使做事的速度与效率大大提高。

"光速"和"子弹列车"，是韦尔奇很爱用的词。他坚称：只有速度足够快的企业才能继续生存下去，因为"世界的脚步"在不断加快。他认为，世界正变得越来越不可预测，而唯一可以肯定的就是，我们必须先发制人来适应环境的变化。同时，新产品的开发速度也必须加快，因为现在市场门户的开放速度在不断加快，产品的生命周期在不断缩短。而"精简"的目的，正是为了更好地实现"迅捷"。简明的信息传播得很快，精巧的设计更易打入市场，而"扁平"的企业则利于更快地决策。

对于自信，韦尔奇给予了极大的重视，他甚至把"永远自信"列入了领先于世界前列的三大"法宝"。他说："掐着他们的脖子，你是无法将自信注入他们心中的。你必须要松手放开他们，给他们赢得胜利的机会，让他们从自己所扮演的角色中获得自信。"

通用的成功，来源于韦尔奇领导的文化改革，其核心是通过言行将所确定的企业发展战略、企业目标、企业精神传达给员工，争取全体员工的合作，并形成影响力，使相信远大目标和战略的人形成联盟，得到他们的支持。

通用在实施企业文化改革中，通过唤起员工的热情、需求，激励人们战胜变革中遇到的各方面的障碍。通用电气笃信"从人类精神流露出来的创造力是永无止境的"。

为推进企业文化的变革，韦尔奇首先从变革环境和挖掘员工内在潜力入手，具备了这个基础之后，他大胆改革官僚制度，建立了"轮轴式"的企业组织形式，为实现其组织落实力创造了良好的文化氛围和组织保证。

企业文化总是随着企业的发展而不断变化、不断革新，每一个新上任的企业总裁都是企业文化的提倡者和推动者。曾任通用第二任企业总裁的科芬建立了层级分明的纵向组织结构，打破了前任总裁的组织管理体制；第三任总裁威尔逊打破了科芬建立起来的劳资关系和企业伦理；韦尔奇打破了琼斯建立的科层制度。这说明，在企业文化需要变革时，新的富于创造精神的领导对推动企业文化的革新会起到促进的作用。这些革新者往往把握着企业的命运和未来。

2. "领导文化"

相信很多人都碰到过这样的情况：

"各位，今天我们开这个会就是要制定出一个绝佳的策略来应对A公司即将发动的价格大战。谁有什么好的建议都说一说，大家一块儿讨论讨论。我先说说我的想法，我认为咱们的价格也有下降的空间，降价20%是没问题的，你们说呢?"公司总经理说。

"我想，降价可能不妥……"一位副总刚刚开了个头，就被力主降价的总经理给打断了:"我们必须向竞争对手显示我们的实力，告诉他们我们的价格是可以降低的，而且还可以降得比他们低得多。这样他们以后就不敢再挑衅我们了。"

另一位高层经理试探着说:"降价固然可行，但如果我们用提高我们的服务增加产品的附加值来应对对方的挑衅，我们不但……"当听出这位高层经理也不赞成自己的意见时，面色铁青的总经理又一次打断了对方的话:"我们现在已经没有时间再去考虑增加哪些服务项目了。"

如此一来，其他有不同意见的人都不敢再发表自己的意见了，而那些热衷于奉承的人乘机发表意见，赞同总经理的建议。等到会议结束时，总经理所提出的所有建议都获得了通过。但在实际落实的时候，多数负责人都心有不甘，极其不愿地去消极应付，甚至干脆把行动方案变成一纸空谈。

这里，我们暂且不去讨论上述事例讲的降价的这一决策是否正确，只分析这种不充分的对话和紧张压抑的沟通气氛是怎样影响企业落实力的。显然，不充分的沟通是阻碍决策彻底落实的一大因素。如果一项决策不是通过充分的、积极的对话得出的，而是在高层领导的权力干预下或有人力求维护"一团和气"的情况下做出的，那么这项决策(不管它是正确的，还是错误的)在具体落实过程中就会遇到强大的阻力，甚至最终落得胎死腹中的结果。而且，在未经充分讨论的情况下做出的决策在大多数情况下都是有着致命的缺陷的。

人浮于事的会议很多情况下在结束的时候，似乎已经对某个问题达成了共识，但在行动时，许多人却采取听之任之的态度。这种会议你参加过多少次了？在这样的会议当中，与会人员通常不会进行激烈的争论——实际上，他们根本不关心讨论的结果，因为他们相信：这个项目迟早会胎死腹中。

在许多公司，高级领导的会议上会出现"谎言"，进行决策的时候没有一个人提出异议，会下却议论纷纷，我们通常称这种决策为"错误的决策"。之所以如此，是因为这些决策通常都是在缺乏互动的情况下做出的。这种情况出现的原因主要是做出决策的人和中层之间事先没有进行足够的沟通。有些是由于受到等级制度的影响；有些是受到形式的束缚或缺乏信任，人们无法坦陈自己的观点。在这种情况下，那些实际落实决策的人通常在落实的时候都会显得比较优柔寡断。

在相对孤立的企业文化当中，如果上下级的互动很少进行，例如高层领导者独自拍板做出决策，而中层在实际工作中表现为落实不力，那么目标不到位就是常见现象。

这种情况出现的原因实际上在于企业高层，正是领导者们创造了这种"领导文化"，因此，也只有他们才能从根本上改变这种文化。

（1）不搞"一言堂"

领导者一定要注意，有些会不是一定要开，而是可开可不开的；有些会则是一定要开的，但要讲求会议效率，提高会议质量。

会议要开得有效，必须有一个宽松的会议气氛，使到会者能无拘无束，畅所欲言。而这种气氛能否形成，主要在于主持人是否有民主作风。主持人要把自己置于同大家平等的位置上，启发大家开动脑筋，毫无顾忌、毫无保留地发表意见。对大家的意见，尤其是负责落实的人的意见，主持人要善于倾听，体察异同，分析归纳，鼓励引导。不管个人发表的意见有没有被采纳的价值，主持人都要给予积极的鼓励和适当的评价，因为它对全面分析问题总是有帮助的。

主持人千万不要搞"一言堂"，更不能压制不同意见，强制大家迎合自己的观点。只有会议主持人具有民主作风，才能充分发挥与会者的聪明才智，为问题找到好的解决办法，大家才能在以后讨论问题时继续无拘无束，畅所欲言。也只有这样，大家才能真正尊重和乐于接受会议形成的决策，积极地贯彻落实，否则就会使人感到会议是在主持人的"逼迫"之下进行的，形成的意见是主持人强加给他们的，那么，大家就不会坚决、自觉地贯彻落实，会议也就成了形式主义的会议。

一般作为会议主持人，高层领导者较多，因此领导者应该胸怀宽广，能够广泛地听取会议中的不同意见，妥善处理会议中出现的反面意见。那么如何处理好会议中的不同意见呢？应该注意以下几个问题：

①要有听取反面意见的思想准备。

领导者提出自己的方案或陈述意见时，事先应考虑到可能有反面意见，思想上应有所准备。如果思想上没有准备，碰到尖锐的反面意见，就会感到突然，产生急躁、反感情绪；相反，思想上有了准备，就能够冷静分析反面意见。

②要鼓励下属提出不同意见。

作为领导者，不应坐等别人提意见，而应主动发现问题，鼓励下属消除思想顾虑，敢于在会议上提出不同意见。即使自己的方案比较成熟，也要欢迎下属提出不同意见，这样有利于在会上统一思想，补充、完善决策方案。在这方面，列宁为我们树立了榜样。他主持会议时，总是非常重视每位代表的发言，善于听取发言者的观点和意见。无论哪位代表发言，他总是把食指放在耳边，集中精力地倾听每一个细节，哪怕是微不足道的观点和意见，甚至在对问题已经有了一定看法后，他也主动认真听取别人的意见。

③对多数人的反对意见采取慎重态度。

有时领导者的方案或意见由于某些原因受到多数人的反对，这时千万不能着急，更不能强迫大家服从，要冷静地分析、思考自己的方案。如果不妥，要重新考虑自己原有的方案。如果原有的理由、论据不足，应找出充分理由，采取一定的方法说服大家。

④对少数人的反面意见不可忽视。

会议中少数人的意见，领导者也不可忽视。正确意见有时也会在少数人手中。当进行一项决策讨论时，大家头脑比较热，会出现多数人同意而少数人反对的情况，这时多听听少数人的意见会避免决策失误。当会议上出现少数人反对意见时，领导者要认真分析，对正确的部分给予肯定，并纳入到方案、意见中；对不正确的部分，可以进行说服、解释，但不宜强行否定。

（2）让讨论发出建设之光

通用电气富有建设性和可落实性的会议，对该公司的成功可谓居功至伟。

在通用电气公司，公司执行委员会是董事会以下的最高决策层，由25至30人组成，包括12个事业部的领导，5名高级的公司官员以及17个公司高级顾问中的部分人员。基层主管也经常被要求列席公司的执行委员会会议。

公司执委会每季度有固定的3天时间举行集会，第一次在3月15日。另外3次分别在6月、9月和12月中旬举行。这样安排可以使公司执行委员会成员在每个季度的经营结束前几周得以在会议上进行交流。

韦尔奇在任时，力图使公司执行委员会会议在轻松的气氛下召开，因此从不制订一个完整的正式的议程。在会前，与会者将得到一份资料，以便了解可能要集中讨论的某个专题。除此之外，不再有任何预定的程序。

韦尔奇不拘一格，他或者简单回顾几周前出席董事会的情况，或者重述一下最近视察某一事业部的情况，或者从谈论美国或世界经济问题上开始他的讲话，其后公司各部门领导深入阐述各自部门的季度和年度经营预测，谈论可能带来的大订单或者在某次营销中成功或失败的细节，以及任何感兴趣的新技术发展、划时代的产品、新的家用电器、并购或裁决等等。

虽然所有这些都是很严肃的话题，但整个会议却在轻松、非正式的气氛中进行。随着发言者对提问和评论的机智反应，与会者彼此之间相互沟通和学习，成了会议的主旨。

韦尔奇不强求会上的每一个好做法都全盘推广。他关心的是他的高级主管们如何去想办法并采取他们喜欢的方式做好工作。

在一些公司中，大家只是讨论出办法就散会了，之后他们才不得不想怎样去落实这些办法。而韦尔奇要公司执委会成员思考这些办法的落实问题。因此通用不只是在倡导一种好学精神，还提倡好学精神应落到实处。

通用公司通过这些会议，使员工们学会了如何在富有建设性的讨论中相互协作。百密难免一疏，没有人能够给出所有问题的答案。如果在某个环节遇到了麻烦，不应该一个人坐在那里，埋怨手下办事不力，或想着是否请咨询公司来解决问题。相反，正确的做法是把大家召集在一起，相互协商，最终找出一个解决方案。当然，也不要指望大家无所不知，但可以要求他们尽力拿出最佳的解决方案，这就需要彼此之间更好地相互协作。在一个企业当中，要经常进行这种富有建设性和可落实性的讨论，它将帮助人们建立一种自信，这样，无论以后遇到什么样的问题，大家都不会手忙脚乱了。

迪特尼公司很早就认识到员工意见沟通的重要性，并且不断地加以实践。现在，公司的员工意见沟通系统已经相当成熟和完善，特别是在面临全球的经济不景气时，这一系统对提高公司劳动生产力发挥了巨大的作用。

公司的员工意见沟通系统是建立在这样一个基本原则之上的：一个人或一个机构一旦购买了迪特尼公司的股票，他就有权知道公司的完整财务资料，并得到有关资料的定期报告。本公司的员工也有权知道并得到这些财务资料和一些更详尽的管理资料。

迪特尼公司的员工意见沟通系统主要分为两个部分：一是每月举行的员工协调会议，二是每年举办的主管汇报和员工大会。

①员工协调会议

员工协调会议，是每月举行一次的公开讨论会，在会议中，管理人员和员工共聚一堂，商讨一些彼此关心的问题。无论是公司的总部、各部门还是各基层组织，都举行协调会议。

在开会之前，员工先将建议或不满反映给参加会议的员工代表，代表们将在协调会议上把意见转交给管理部门。管理部门也可以利用这个机会，同时将公司政策和计划讲解给代表们听，相互之间进行广泛的讨论。

如果有问题在基层协调会议上不能解决，将逐级反映上去，直到有满意的答复为止。事关公司的总政策，那一定要在首席代表会议上才能决定。总部高级管理人员认为意见可行，就立即采取行动，认为意见不可行，也得把不可行的理由向大家解释。员工协调会议的开会时间没有硬性规定，一般都是一周前在布告牌上通知。为保证员工意见能迅速逐级反映上去，基层员工协调会议应最先召开。

同时，迪特尼公司也鼓励员工参与另一种形式的意见沟通。公司在四处安装了意见箱，员工可以随时将自己的问题或意见投到意见箱里。

为配合这一计划实行，公司还特别制定了一些奖励规定，凡是员工意见经采纳后产生了显著效果的，公司将给予优厚的奖励。令人欣慰的是，公司从这些意见箱里确实获得了许多宝贵的建议。

如果员工对这种间接的意见沟通方式仍不满意，还可以用更直接的方式来面对面地和管理人员交换意见。

②主管汇报

对员工来说，迪特尼公司主管汇报的性质，和每年的股东财务报告、股东大会相类似。公司员工每人可以接到一份详细的公司年终报告。

这份年终报告有20多页，包括公司发展情况、财务报表分析、员工福利改善、公司面临的挑战以及对协调会议所提出的主要问题的解答等。公司各部门接到年终报告后，就会开始召开员工大会。

③员工大会

员工大会都是利用上班时间召开的，大多在规模比较大的部门召开，由总公司委派代表主持会议，各部门负责人参加。会议先由主席报告公司的财务状况和员工的薪金、福利、分红等与员工有直接关系的问题，然后开始问答式的讨论。

在这里，有关个人的问题是禁止提出的。员工大会不同于员工协调会议，提出来的问题一定要具有一般性、客观性，总公司代表尽可能予以迅速解答。员工大会比较欢迎预先提出问题的方式，因为这样可以事先充分准备，不过也接受临时性的提议。

迪特尼公司每年在总部要先后举行十多次员工大会，在各部门要举行多次员工大会，公司员工的缺勤率低于3%，流动率低于12%，生产率年年增长。

第五章

落实到位的人员通道

　　任何工作的落实都是由人来完成的。重视落实，必须打通从上到下的人员通道。从领导者的人才观念、人力资源部门的选聘中层标准、员工的培训到运营过程中人与工作的结合，落实的"接力棒"必须依靠每一级的努力才能送达终点。

一、有效寻找具有落实力的人

1. 让标准去择定落实的人才

基层员工是到达有效落实最终端的人。在每个企业里，唯有员工可以维持公司的竞争力。这是因为人可以为企业带来持久的竞争优势，这些优势能产生独一无二的价值感，难以仿效、无以取代。

人才是企业的根本，是企业最宝贵的资源。因此，选择什么样的人才为企业工作，是企业生存与发展的决定因素。换言之，从业人员的素质高低，极大地影响了企业的落实力，甚而影响企业的成败。因此，任何一个企业在挑选人才的时候，都要根据自己的实际制定人才的标准，并有所侧重。不同的企业对人才的要求不一样，计算机行业需要信息方面的人才，如程序员；汽车行业需要制造方面的人才，如技术工人。另外，人的能力、性格各异，对不同的岗位适应能力也不一样，如有的需要特别的细致与耐心，有的需要灵敏的反应能力。但无论是哪个方面的人才，都要能有效地去完成企业交代的任务，即有良好的落实能力和落实素质。

有些公司在挑选人才时，往往以"最优秀"为目标，要求最好的。这似乎也是企业界普遍遵循的一个用人准则。"寻找最优秀的人才"成了很多公司的招聘口号。其实，他们犯了一个很大的错误，没有认识到"最好的不一定适合自己，适合自己的才是最好的"。招聘人才的目的是落实企业的决策，所以，选人的关键是要看他（她）是否符合该岗位的需要，是否能高效地完成任务。否则，那些招聘来的人就会成为企业的包袱，不仅不会提高企业的落实力，反而会成为提高落实力的障碍。所以，在挑选人才时，应着眼于提高企业的落实力，不求最优秀的，但求最实用的。然而，对这种用人秘诀，许多企业是不以为然的。谁不想招一流的人才来用？哪一家公司的领导者不以自己拥有某些领域的顶尖人才而自豪？然而问题有时正出在顶尖、一流人才上。顶尖、一流人物的自负感通常是很强的，因此他们极容易抱怨自己的公司，抱怨自己的职位："身在这种烂公司真倒霉！""这么无聊的工作，一点乐趣也没有！"持有这种心态的人，必然缺乏责任心和工作热忱，干起工作来也未必有落实力，尽管他们的才华是顶尖的、一流的。相反，那些"适合"的人才，自视不那么高，也容易满足，他们往往会很重视公司和公司给予的职位，会努力把自己的工作干得漂亮一些。

2. 让有落实力的人"上车"

要想保证战略目标的顺利落实，我们就必须把好"进入"这道关口。用一个形象的比喻，企业就如同一辆开往目的地的汽车，不断地会有人上车、下车，要想顺利到达理想的目的地，我们就得保证有一群"正确"的人在车上。那么，什么样的人是"正确"的人呢？

所谓"正确"的人，就是那些有能力也乐意为战略目标的落实而"倾情奉献"的人。你也许经常遇到这种情况：有些人无论接手什么工作都会干得很出色。这似乎说明人在岗位上的成功不因岗位的不同而受到影响。原因究竟是什么呢？原因在于，这些人的成功在很大程度上取决于他们在某些核心品质上的突出表现。一个"正确"的人通常有许多宝贵的素质，落实力是重中之重。此外，还应有以下能力：

①目标明确。是否为自己确立了具体而现实的个人目标？

②有组织能力。在落实目标的过程中，是否做到了有条不紊、安排得当？

③勇于进取。是否能够完全独立地工作，并且应对突发的情况？

④能做出明智的决定。是否有能力解决难题，做出的决定是明智的？

⑤建立良好的人际关系。是否能够与他人和谐相处？

⑥与人沟通的能力。是否成功地与人沟通，使对方接受自己的意见？

⑦领导能力。能否领导并且激励他人为一个共同的目标努力工作？

⑧热爱工作。能否对自己工作中试图落实的目标充满自信和热情？

⑨有魄力。是否有对目标的关注、办事的决心和对待难题的锲而不舍的韧劲？

⑩敢于面对挫折。是否能够在大步前行追求目标时对出现的问

题和挫折勇敢面对，并从中吸取教训？

⑪充实自我。是否有计划、有系统地提高自己的工作效率？

⑫安心工作。是否爱岗敬业？

上述 12 条是一个职场人应具备的基本素质。总而言之，一个企业选聘中层人才，必须将人力资源与战略目标或企业目标结合起来去挑选，即确保有落实力的人来落实预定的战略目标。

3. 多渠道选聘具有落实力的人才

在选聘员工的时候，要利用多种渠道。如果招聘的方式单一，人才的来源就显得非常狭隘，就会严重地影响人才的质量，从而影响企业的落实力。一般来说，选聘的渠道有以下八种：

（1）人才交流中心

在全国的各大中城市，一般都有人才交流服务机构。这些机构常年为企事业用人单位服务。他们一般建有人才资料库，用人单位可以很方便在资料库中查询条件基本相符的人员资料。通过人才交流中心选择人员，有针对性强、费用低廉等优点，但对于计算机、通讯等热门人才或高级人才，效果不太理想。

（2）招聘洽谈会

招聘洽谈会也是选择人才的途径之一。在洽谈会中，用人企业和应聘者可以直接进行接洽和交流，节省了企业和应聘者的时间。随着人才交流市场的日益完善，洽谈会呈现出向专业方向发展的趋势，比如有中高级人才洽谈会、应届生双向选择会、信息技术人才交流会等等。洽谈会由于应聘者集中，企业的选择余地较大，但招聘高级人才还是较为困难。

通过参加招聘洽谈会，企业招聘人员不仅可以了解当地人力资源的素质和走向，还可以了解同行业及其他企业的人事政策和人力需求情况。

（3）传统媒体

在传统媒体刊登招聘广告可以减少招聘者的工作量，广告刊登后，只需在公司等待应聘者上门即可。在报纸、电视中发布招聘广告费用较高，但容易体现出公司形象。很多广播电台有人才交流节目，招聘广告的费用低廉，但效果比报纸、电视广告差一些。

（4）校园招聘

对于应届生和暑期临时工的招聘可以在校园内直接进行。方式主要有招聘张贴、招聘讲座和毕业生就业办公室推荐三种。

（5）网上招聘

网上招聘是目前很多企业常用的方式，具有费用低、覆盖面广、时间周期长、联系快捷、方便等优点。

（6）员工推荐

员工推荐对招聘专业人才比较有效。员工推荐的优点是招聘成本小、应聘人员素质高、可靠性高。据了解，美国微软公司40%的员工都是通过员工推荐方式得来的。为了鼓励员工积极推荐，有些企业还设立了一些奖金，用来奖励那些为公司推荐优秀人才的员工。

（7）"猎头"公司

对于高级人才和尖端人才，通过传统的渠道往往很难获取，但这类人才对公司的作用却是非常大的。因此，通过人才猎取的方式可能会更加有效。人才猎取需要付出较高的招聘成本，一般委托"猎头"公司来进行，目前在北京、上海和沿海地区较为普遍。

（8） 内部挖掘、提拔

从企业内部挖掘、提拔，也是获得所需人才的重要渠道之一。但需要注意的是，只有那些重视落实、有务实精神的人才能得到提拔。这就要求领导者对提拔的中层能有深入的了解。

很多企业的领导者总抱怨自己公司内没有可用的人才，所以不得不去企业外招聘或找"猎头"公司。但在落实型企业里，领导者除了外聘，从内部挖掘是他们更常用的寻求人才的方法。落实型领导者在了解员工上会投入很大的精力，如果领导者对骨干员工的技能、经验、期望和抱负有所了解的话，就会惊讶地发现，原来自己的企业里有很多被大材小用或未受重用的人才。

企业家罗伯特·汤森在《企业上层》一书中说："大多数经营者抱怨企业缺乏人才，所以到外面招人进来占据关键职位。这简直就是糊涂透顶！我采用的是'50%原则'。在公司内部找一个有成功记录（在任何领域）、有心做经营工作的人，如果他看起来符合你50%的条件，就把这个工作给他。"

许多企业就是通过内部调职系统来为自己选择合适的人才的。内部提升不但为企业减少了从外部选聘人才所需支付的种种费用，还会对企业内部的员工产生激励作用，有利于员工的成长。

但需要注意的是，选拔内部人员时要着重考查他的落实能力以及务实精神，而不能仅靠绩效表现或领导者的个人好恶来选择，更不能提拔那些只会唱高调、说空话、惯于奉承的人，因为他们只会把企业推入失败的境地。此外，企业领导还应当清楚被提拔员工的优点和长处，并按其所能安排相应的职务和工作，从而给企业的正常发展建设一条科学的人才输送渠道。

招募人才不只是为了填补岗位空缺，光看应聘者才能也是不够的，必须要看他是否有成长与发展的潜力。企业所选的人才不仅要适应现在企业落实任务的需要，还要适应未来企业发展的需要。

戴尔公司招聘人才时，总是要求慎重地面试新人，雇用适当的人来填补空缺。聘用的人除了必须适任现职，还要能应付未来发展所带来的新任务。也就是说，戴尔公司对待选聘的人员，不是只把他们带进公司做一份差事，而是邀请他们参与公司的发展。随着戴尔公司进行细分，或调整各营运项目在公司所占的重心，他们的工作将可能屡有变动。戴尔公司认为招募的人员如果有足以超越目前定位的潜力，公司便具有了保持组织建设的原动力。这在公司面临进一步的成长，或新一轮竞争的挑战时，格外重要。

戴尔公司定下规矩，所有人都必须寻找并发展自己的接班人，这是工作的一部分。这不只是在准备移调工作时才必须做的事，而是工作绩效中永续的一环。该如何在今日的应聘者当中，找到确实可以成为明日领导者的人才呢？戴尔公司找的就是具备学习素质随时愿意学习新事物的人。

在戴尔公司成功的要素当中，很重要的一项是挑战传统智慧，所以戴尔公司征求具有开放态度和具有思辨能力的人，希望找到经验与智慧均衡发展、在创新的过程中不怕犯错的人，以及视变化为常态并且善于从不同角度看问题、能提出极具新意的解决办法的人。

1986 年，戴尔公司聘请沃克担任公司总经理，此举成为公司发展的转折点。沃克个性大胆，曾身兼其他几家公司的高级主管，是戴尔公司有史以来延聘的第一个重要管理阶层人士。戴尔公司在以超快速度成长的时期，迫切需要资金。沃克上任后先做了几件事，其一就是打电话给他在得克萨斯州商业银行的老朋友，说："我现在在一家很不错的公司，你一定要贷款给我们。"电话打完仅仅18个小时之内，戴尔公司就拿到了很像样的信用记录。

1988年戴尔公司股票公开上市，沃克对于董事会的形成也贡献良多。

戴尔在酝酿理想的董事名单时，想到了两个人：科兹梅斯基和英曼。这两个人都住在奥斯汀，都了解电脑产业，并且都有很显赫的背景。科兹梅斯基是"泰勒戴恩电讯"的创始人之一，也是得克萨斯大学商学院的院长；英曼则是一家名为"威马克系统"军事公司的董事长兼总裁，在联邦政府有着很广泛的人际关系。沃克和戴尔分头说服他们。他俩听取了戴尔公司目前的成绩之后，欣然同意加入董事会。他们的加入大幅提升了戴尔公司的商誉。

年轻的戴尔公司，在创立时根本没有强势的董事会。作为董事会的元老，科兹梅斯基和英曼提出多项明智的建议和非常有价值的意见，是他们的共同努力，造就了辉煌的戴尔公司。他们使公司以史无前例的速度成长，并一直维持着挑战者的精神。当然，戴尔公司在这方面也得益于其支撑公司最神秘的层面——企业的落实文化。

戴尔认为，要建立或维持一个健康的、有竞争力的企业，目标统一、策略一致，企业与员工成为并肩作战的伙伴，寻找到适当人才，是企业前行的最佳方法，也是决定企业成败的关键。

二、强大的人力资源管理确保落实到位

1. 人力资源部门在落实过程中的位置

在传统企业中，人力资源部门的主要职责就是落实好上级委派的任务，比如，买办公用品、买机票、给新来的工程师安排一间设备齐全的单人宿舍等等杂事。这些事不能说不重要，但在一般人眼中，确定是处于不太重要的位置。其实，人力资源部门所负责的也是整个落实过程中的一部分，当然占的比重会小一些，这部分工作完成的好坏完全以上级是否满意为标准，也就是说，人力资源部门是以上级的态度为导向的。

但是在现代企业中，人力资源部门也像企业内部其他部门一样，在越来越重要的领域内掌握着主动权，特别是负责人员的招聘、选拔、培训以及评估工作，管理着企业内部最为重要的资本——人力资本。而人力资本对企业战略和决策的有效落实起着至关重要的作用。企业中如果缺乏具有落实力的人员，企业的落实工作就不可能顺利进行。因此，现代企业对人力资源部门要求很高，要求他们在招聘员工时，以员工落实力的强弱为标准，在评估时以其落实能力为重点，在选拔时精选落实力强的人，在培训时重点提高人员的落实能力。人力资源部门是如此重要，已成为现代企业不可或缺的重要部门。

正是由于人力资源部门对于落实工作所发挥的关键作用，企业在向落实型企业转变的过程中，必须先把人力资源部门转变为以最终落实结果为导向的部门，这样企业的转型才有可能实现。

2. 把人力资源管理与落实紧密结合起来

人力资源部门必须了解整个企业的情况，清楚企业下一阶段的战略计划或预定目标，知道企业在发展各阶段需要什么样的人员，以及他们应该掌握哪些技能、具备什么样的素质。人力资源部门不仅要明白如何招聘到合适的人，如何培养人才，如何鼓舞员工的士气，而且还必须懂得企业的盈利点在什么地方，如何实现战略目标，以及怎样将战略目标和落实结合起来。

虽然目前很多公司的人力资源部门还没有发展到这种水平，但这已成为一种日趋明显的潮流，即人力资源部门在评估、培养和选拔人员的工作中发挥着非常大的作用，并对企业的战略计划制定过程产生着重要的影响。

有一家全球性的保健公司，主要为那些在危险条件下工作的人提供保健产品和服务。该公司的目标是在今后 10 年时间内，通过扩大公司在生物、制药、医疗设备、信息和服务方面的营业额使公司的收入增加一倍。人才选拔在落实这项战略目标的过程中起到了非常关键的作用。

总经理哈里对公司进行结构重组，要求人力资源部门在人员选拔和培养方面投入大量精力，使整个公司的战略、运营和人力资源管理紧密地连接到一起。

哈里列出了公司在今后几年时间内将要实现的预定目标所必需的主要技能，指出需要适当的人员来填充这些工作岗位，他还经常以一种非正式的方式与公司各部门领导以及人力资源部门领导交换意见。

人力资源部门的高级管理人员在考查人员后，会在每周一的电话会议上对被推荐的候选人进行讨论，然后拟出一份初始名单。"刚开始的时候，我们可能有 15 个候选人，"哈里说，"然后我们会对这些候选人进行详细的筛选，一步步减少名单上的数字，直到选拔出最适合的人。"

哈里说："这就迫使人力资源部门不得不确认出哪些是至关重要的岗位，并了解到如果员工不能胜任自己的岗位的话，人力资源部门就须设法让其离开现任岗位，或者让其他人接替他目前的工作。"

这家保健公司经过若干年持之以恒的改革，现已走上了发展壮大之路。

三、增强目标与运营计划的落实性

1. 运营计划的落实性

假如你的老板要求你驱车从 A 地赶往 B 地，他给你列出的预算相当清晰：你在汽油上的开销不得超出 300 元，你必须在 48 小时内到达，你的时速每小时不得超过 80 公里。但他并没有给你一张前往 B 地的地图，而且你也不知道自己在路上是否会遇到恶劣天气等其他需要解决的状况。

这就是许多公司在制定战略目标时常犯的错误。领导者关心的只是结果，比如说收入、现金流和收益等，以及他们可以分配给你的资源，但他们并不关心战略目标的具体落实过程。而在世界500 强企业中，领导者在制定计划的过程中往往都会考虑到落实过程中可能出现的问题，并制定出一份能够将战略目标和人员及结果联系在一起的运营计划。

战略目标通常只是定义了企业的发展方向，而运营计划则为落实人员开展工作提供了明确的指导方向。运营计划把企业长期的目标分解为一些阶段性的任务，为了完成这些阶段性的任务，领导者就不得不做出许多具体的决策，将其整合到整个战略目标的落实当中，并根据市场情况的变化及时进行调整。所以在制定运营计划的过程中，所有的数据都必须以现实为依据，不仅要以企业之前的表现为参照，还要为企业发展确定新的目标，并为实现目标制定出具体的工作步骤。

通常情况下，一份运营计划包括了企业准备在一年之内完成的项目——它们将保证该企业能够在收益、销售和现金流等方面达到预期的目标。这样的项目有很多，比如说新产品的研发、市场营销计划、生产计划以及以提高效率为目标的制造计划等。运营计划所赖以建立的前提条件应该与企业所面临的现实环境联系起来，而且应该在财务人员和那些负责落实的中层之间进行充分讨论。比如说，GDP 的增长或降低、利率的降低和通货膨胀率的变化会给计划的实施情况带来什么影响？如果一家重要的客户突然改变了自己的计划，应该对计划进行怎样的调整？

运营计划还应该具体指出企业的不同部门之间如何协调配合，如何在不同的方案之间进行取舍，并根据客观情况的变化对企业发展战略进行适时的调整。

企业的中层必须深入参与到业务当中，并对整个业务有深刻的了解。在运营计划中，中层的主要任务应当是监督落实工作。具体来说，中层负责绑定目标，将落实过程中的细节与人员及战略结合起来，领导大家进行战略目标的实现。中层必须在面临很多不确定性的时候果断地做出判断和取舍，引导积极公开的对话以得出真相，而且必须对下属进行适时的指导。同时，对中层来说，这也是一个不断学习、不断认识的过程，在这个过程中，他们将对下属、员工的落实能力，以及战略落实过程中可能遇到的问题有更加深入的了解。

一份运营计划的主要内容不应当是繁杂的统计数据，而应该体现一种责任，应该是一条将整个企业的人员和战略连接起来的线，其通常的表现形式是分配目标和预定计划。

运营计划应当为企业的所有成员共享，因为参与到计划中的人越多——无论是应急计划还是企业为来年制定的计划，了解企业目标的人越多，就越有利于落实，取得成功的概率也就越大。

2. 有效的人员配置

世界第一大石油公司美孚公司的首席执行官贝克曾强调员工对战略的认知和使命感的重要性，他说："尽管在企业中我是负责人，然而成功终究必须仰赖每一位在一线上作业的员工。我的命运实际上是由员工的工作态度来决定的，员工在关键步骤上只要有 30 秒的疏忽，就可以导致炼油器的故障及整个厂的生产停工。所谓业务的推动，必须真正推动到每一位在工作上做决策的基层员工。"

美孚公司以落实为基础，持续推动全面性的沟通以确保落实员工对战略目标的了解。在战略目标落实展开之初，美孚领导小组遍访参与落实的每一位员工，分发给每位员工一页宣传手册，简述新的战略行动方案，以及贯穿在四大层面里的战略主题，如：

①财务层面（资产报酬率）；

②客户层面（赢得客户满意、与经销商的双赢关系）；

③内部流程层面（低成本、安全与可靠性、准时与规格是否符合、做所在社区的好邻居）；

④学习与成长层面（激励与核心能力培养）。

同时，领导小组成员与第一线员工进行面对面的沟通，阐述新的战略方向，并回答员工有关各战略主题及衡量指标的问题。值得一提的是，这个沟通过程对员工的影响，以及因为他们对战略目标的认知而带来的改变及贡献是极其重要的。

另一项因为战略目标的沟通而激发的创意，为美孚数百万的客户提供了更优异的客户购买体验。

美孚的营销技术部曾开发出了一种叫"快易通"的装置，把它装于汽车钥匙环内，当汽车行驶至加油机前时，通过电眼可以立即辨识该客户的身份和他所使用的信用卡或扣款卡的号码。这个设计使得加油的过程更加快速而便捷，客户不必再从皮夹中翻找信用卡，整个加油和付款的过程一气呵成。"快易通"的发明立刻受到客户欢迎，并成为美孚与其他竞争者在服务上的差异化因素。

除了全面性的战略沟通与共识的建立之外，美孚公司也通过人力资源管理系统将个人与企业战略联结起来。人力资源部根据企业战略目标，发明了一套周密的训练发展系统，以协助员工达成个人与组织的目标。为了进一步强化战略与个人间的联结程度，美孚还建立了一套激励性的奖金制度，该制度适用于公司内全体正式员工。

有一次，在新的奖金制度开始实施的初始年度之后，总裁贝克在年度绩效回顾全员大会上，向所有参加大会的员工展示了墙上贴的一张大型支票——6000万美元的"平衡的支票"。

贝克告诉员工他有好消息和坏消息要宣布，询问他们想先听哪一个，有些员工回答希望先听坏消息。于是，贝克当着全体员工的面，将那张大型的"平衡的支票"取下并撕破，并且宣布："这张支票是当我们达到所有的指标时会赢得的奖金，可惜我们并未成功，所以也就无法得到这 6000 万美元。"

所有的员工顿时陷于愁云惨雾之中，直到有人鼓起勇气问道："那好消息又是什么呢？"这时，贝克才戏剧性地从座位下拿出另一张折好的大型支票，在旁人的协助下将其打开并张贴到墙上——一张 3500 万美元的支票。他说："由于大家的努力和贡献，我们确实有丰收的一年。我们将分享这 3500 万美元的奖金，在你们下个月的薪水里，将多出 17% 的年薪作为去年的年度绩效奖金。感谢各位的努力，希望我们明年也能享受同样丰硕的果实。"

把任务与中层结合起来，才能使战略目标落到实处，并提高整个企业的落实力。总的来说，做好有效的人员配置有以下几个重要步骤：

（1）仔细考虑任命的核心问题

任命之前，先搞清楚任命的原因和目标，并物色合适的人选。

当面临一项挑选一个新的中层管理者的任务时，负责此工作的高层管理者，应首先弄清楚自己将要负责任命的核心。比如，要录用并培训新的下属，是因为现在的管理人员已接近退休年龄，还是因为企业虽在老行业干得不错，但一直还没有渗透到正在发展的新市场，因而打算开辟新的市场？还是因为，大量的收入都来自多年如常的老产品，而现在要为企业的新产品打开一个市场？根据这些不同的任命目标，任命不同类型的人和不同的岗位。

（2）初定数目合适的备选人才

这步的关键是要有相当的人才储备以供挑选。如果没有一定数目的考虑对象，选择的范围就小，确定适宜人选的难度就大。要做出有效的人员配置，管理者就至少应着眼于 3~5 名合格的备选人才。

（3）以寻找候选人的长处为出发点

候选人能做什么，长处何在，是否与目标相切合是关键。企业的核心问题是：每个人所拥有的长处是什么？这些长处是否适合于目前任命？例如，某人干技术工作可能是一把好手，但任命所需的人选首先必须具有建立团队的落实能力，如果这种能力正是他所缺乏的，那么，他就不是合适的人选。管理学家杜拉克曾极为突出地分析了两种用人思维方法：一种是只问人的长处而用之；一种是注意人的短处，用人求全。前者能使企业取得绩效，后者却只会使企业"弱化"。

高明的管理者用人时会注意扬长避短，懂得用人不能以其弱点为基础，要想取得成果，就须用人之所长——他人之所长、上级之所长及自我之所长。每个人的长处，才是他们自己真正的机会。发挥每个人的长处，不仅能提高企业的落实力，还会使其具有不懈的竞争力。

人都是有很多弱点的，而弱点是很难改变的，但人可以设法控制弱点。管理者的任务，就在于合理运用每一个人的长处。有效的管理者择人任事和提升，往往以一个人能做什么为基础。所以，优秀的管理者的用人决策在于如何发挥人的长处。

一位管理者如果仅能见人之短而不能见人之长，刻意避其短而不着眼于用其长，那么这位管理者本身就是一位不合格的领导。如果他同时不注重有落实能力的人，觉得他人的才干可能会构成对他自己的威胁，那就更是一名低水平的领导了。

（4）把广泛的讨论作为选拔程序中一个正式的步骤

企业中，某一位管理者的独自判断往往是"武断"的。因为每个人都会对他人有第一印象，会有偏见，有亲疏好恶。因此，管理者需要倾听别人的看法。在许多成功的企业里，广泛的讨论都被作为选拔程序中一个正式的步骤。

（5）确保被任命人了解职位

被任命人在新的职位上工作一段时间后，应将精力集中到该职位的更高要求上。管理者有责任确保被任命人了解职位，比如，与其面谈，对他说："你当地区营销主管已有三个月了。为了使自己在新的职位上取得成功，你必须做些什么呢？好好考虑一下吧，一个礼拜或十天后再来见我，并将你的计划、打算以书面形式交给我。"同时，管理者还应指出他可能已做错了什么。

一个领导者如果没有做到这一步，就不要埋怨下属成绩不佳。因为是你自己没关注落实，没尽到一个管理者应尽的责任。

（6）根据人员的特点分配工作

企业之所以有不当的工作分配，一方面或许是由于对中层的管理缺乏认识；另一方面是因为企业中许多工作分配，都以现有的空缺和员工能否立刻称职为依据，而不考虑员工个别的特点，这种随机分配的做法，非常容易使中层工作缺乏效率。

个别企业，甚至没有正常分配这一过程。还有些企业分配给中层的工作，不能和其能力相匹配的情形很多。例如，缺乏专业知识、由于中层的健康或性情不能承担其现有工作、劳心与劳力者工作的错误配置等。

此外，工作分配的错误，还包括某些社会因素。例如，中层可能被派遣到外地工作而远离亲人，产生了家庭问题，使其不能勤勉工作。

四、落实能力提高：人员培训与评估

1. 敢在培养人才上花大钱

人才培训，是增长资本的"催化剂"。企业在这方面对时间和金钱的投入要慷慨大方。

有些管理者尽管在口头上反复宣称人是企业最重要的资产，但在培训员工上却吝啬得很。他们根本不知道人才培训的回报会有多大。比尔·威根洪曾说："我们已经用文件表明了在培训自己的人员掌握统计控制过程与解决问题的方法上所得到的收益，我们正在获得的利润，是投资额的 30 倍左右。"

有头脑的管理者必定会在人才培训上下大本钱，只有绘制了人才培训的蓝图，才能有计划、有步骤地实施全员培训。

在培养人才方面，日本著名的三菱公司在发展过程中，可谓"不惜血本"，费尽心机。将人才输送到海外求学是三菱培养人才的一项重要手段。这些人为三菱的现代化进程做出了不小的贡献。

弥之助是岩崎弥太郎的弟弟，他完全学到了哥哥经营上的精髓，将哥哥开创的基业发展到了顶峰。弥之助几乎是弥太郎遗志的化身，而这些离不开弥太郎对弥之助的培养和教育。对于弟弟弥之助的未来，弥太郎早有清晰的构想。基于他的"家族式管理"的思想，他觉得弟弟理应成为他所奠定的基业的承继者，因而对他而言，对弟弟的培养教育几乎与三菱的创业一样重要。弥太郎认为，由于自己不懂英文，事业发展上有诸多的不便，他不愿弟弟再像自己一样孤陋寡闻。弥太郎一方面自身加强进修，另一方面以自己的财力支持弟弟出国学习。

弥之助在美国收到哥哥的家书，家书中写道："希望你成为我事业上的最好助手。"无论弥之助要用多少学费，弥太郎都毫不犹豫地供给他。他曾一次性交予弥之助的留学费用达8000万日元之多。在三菱发展的历史中，弥之助被称为"近代派"。他把先进的管理手段、现代的管理观念和新鲜的人文思想带入了三菱，因为有了他，才有了今日之三菱。由此可见，人才的培养是三菱企业长盛不衰的根本保证。

像哥哥对他一样，1886年，弥之助送岩崎久弥去美国留学。早在久弥学成回家之前，弥之助便着手做一些安排工作，为久弥回国就任社长铺平道路。例如，他命当初与弥太郎一起创业的川田小一郎自动退休，为久弥让出职位，而为了久弥，川田也毫不犹豫地放弃了自己在三菱的利益。同时，弥之助改三菱商社为三菱股份公司，以便久弥能够更顺利地进入经营状态。1893年，弥之助让出社长之位，由久弥出任三菱股份公司的社长，弥之助自己则退而担当监务。久弥担任社长一职后，弥之助又悉心指导，帮助其尽早担起大任。

一个企业的兴旺繁荣仅仅靠一两个统率全体员工的中层是不够的，而应当培养和造就一支高素质的员工队伍，就像岩崎弥太郎时代的三菱，当时为了适应国际交往日益密切的需要，三菱公司创办了英语学校。三菱公司还为它的员工不断创造进修学习的机会，以便其了解世界，增长才干。这样既有学校式的内部培养，又有外出进修式的外部学习，三菱塑造了大量有用之才。可以说三菱在培养人才方面，花费了巨额的投资，也赢得了巨额的收益。它所拥有的人力资源在相当长的时期内贡献自己的力量，这种潜在的价值是无法估量的，可见人才实在是企业生存发展之根本。

2. 全员化培训

要提高企业的落实力，必须让所有的员工，不论他身在哪一个阶层，都能有系统地接受各种培训。这不仅可以体现出企业对员工的关心，也能使企业产生可观的经济效益。实践表明，接受过培训的员工，表现得比那些未经培训的员工要杰出得多。

驰名全球的世界大商业银行之一住友银行有一个显著的特征——全员精英化。他们认为，与其培养小部分人成为精英，不如使全体员工都精英化，提高他们的整体落实力，这对企业的发展十分有利。那么，住友银行是如何推进全员精英化的呢？

首先，他们针对全体员工进行培训，其中有新进人员培训、岗位培训、职能培训、技术培训等，使全体员工上至总经理下至普通员工都能受到培训，在知识水平和业务技能方面都有极大的提高。

其次，他们注重发挥员工的特长，尽量做到适才适用。住友银行在这方面做出了相当大的努力，比如，尽量改善员工的工作环境，使他们能够安心工作，并发挥自己的能力尽心为公司服务。与此同时，住友银行还将"信赏必罚"原则中的"必罚"这一内容删掉，这在金融界是一大革新，为员工的发展提供了充分施展个性的舞台。

正是这种全员精英化的培养，使住友银行在同行业中一直保持着领先的势头，也为住友集团在资金、管理等方面的发展起到了促进作用。

3. 采取多元化的培养方案和培训方式

随着企业经营活动的变化，企业所需人才也会发生相应的变化，像人才的国际化、多样化和技术化等，推动着企业不断寻求与以往不同的人才。

寻求人才从另一个角度看就是培养人才。教育培训好企业员工，使他们具有战斗力，既不用费时到外部去寻求其他人才，又能提高企业的落实力。

企业培养人才，是一个重大课题，没有简单划一的模式，培养人才要因职而异。每一个企业的内部，由于各类岗位的工作性质和工作要求不同，每种工作都有自身的独特性，因而对这些不同岗位类别人员的培训，应安排不同的培训方案。

（1）企业领导培训方案

企业领导的职责是全面负责整个企业的经营管理。企业领导的知识、能力和态度关系到企业的经营成败，因而对企业领导的各方面要求较高。从这个意义上说，企业领导更应该参加培训。企业领导的培训要实现以下目标：

①有效地运用他们的经验，尽可能地发挥他们的才能。

②及时了解、掌握公司内部条件和外部环境的变化，如定期召

开会议，交流各部门信息，落实各阶段计划，组织主管学习有关规章制度。

在企业中，中层管理人员处于一个比较特殊的地位：一方面代表企业的利益，另一方面又要代表下属员工的利益，正好处于交接点，很容易发生矛盾。所以，中层管理人员应有熟练的技术技能和一定的管理技能，否则就难以开展工作。

企业领导上任前大多属于中层管理人员，从事业务性、事务性的工作，缺乏管理经验。所以，当他们进入企业重要管理人员的岗位后，就应该通过培训尽快掌握必要的管理技能，明确自己的新职责，改变自己过时的工作观念，熟悉新的工作环境，掌握新的工作方法。

（2）专业人员培训方案

几乎每个企业都有会计师、工程师、经济师、律师等各类专业人员，这些专业人员都有自己的工作范围，掌握着本专业的知识和技能。但各类专业人员大多局限于自己的专业，与其他专业人员之间缺乏沟通和协调。因此，培训这些专业人员的一个目的就是让他们了解他人的工作，促进各类专业人员相互之间的沟通和协调，使他们工作时能从企业整体利益出发而携手合作。

专业人员参加培训的另一个重要原因就是为了适应社会经济技术的发展而不断更新专业知识。

（3）普通员工培训方案

企业的主体是员工，员工直接落实各种生产目标，完成各项具体性工作。

培训普通员工要依据工作规范和工作说明书的要求，明确各自的权责界限，掌握必要的工作技能，以便能够按时有效地完成本职工作。

培训的方法要根据培训的人数、培训的专业及企业现有的师资、设备、资源等方面的情况而定。培训计划可以安排在业余的时间学习，也可以采取在职培训或离职培训的方式，甚至可以安排员工专门系统地学习，获得高一级的学位。培训项目也应视各类人员的不同情况和专业要求而定，由于员工在企业中人数众多、年龄各异，因此应该采取不同的培训方法和内容。

①新员工的培训。

新员工到单位报到后，必须进行入厂或入企业教育，西方国家称这种教育为"引导"，即对新员工的工作和组织情况进行正式介绍，让他们了解熟悉本单位的历史、现状、未来发展计划，他们的工作、工作单位以及整个组织的环境，单位的规章制度，工作的岗位职责、操作程序，单位的组织文化、绩效评估制度和奖惩制度等，并让他们认识将一起工作的同事。

此外，培训还要建立"传帮带"的师徒制度，使新员工更快地熟悉环境，了解操作过程和技术，让他们知道，如果碰到困难和问题，应该通过什么渠道来解决。

许多企业，特别是那些规模大的跨国企业，都有正式的教育引导活动和培训。在日本，不论是政府部门还是工厂公司，每年招聘新员工时都有这类培训。由领导层面和人力资源管理部门对新员工进行职前教育引导，让他们了解企业文化，向他们介绍单位的情况，带他们参观单位的主要设施、认识工作同伴等等。成功的职前教育引导不论是正式的还是非正式的，其目的都是让新员工能尽快从"局外人"顺利地成为单位的一员，从而轻松愉快地进入工作岗位。

②在职培训。

最常见的在职培训有两种，即工作轮换和见习。工作轮换是指将某员工安排到另一个新的工作岗位，横向调整工作，目的在于让员工学习各种技术，使他们对于各项工作之间的依存性和整个单位的活动有更深入的了解。见习是新员工向年长、资深的有经验的老员工学习，通过老员工的指导和示范及自己的观摩、实际操作来学习本单位的技术和技能。

还有一种在职培训是员工带职到专业培训学校或社会学校学习。

现代社会中，管理显得越来越重要。有人把科学、技术、管理称为现代社会鼎足而立的三大支柱。生产力包括劳动者、劳动手段、劳动对象三个物质要素，也包括科学、技术、管理三个非物质要素。非物质要素中的科学和技术必须物化在三个物质要素中，才能成为现实的生产力。管理与科学、技术不同，它不是物化在三个物质要素中，而是通过它把三个物质要素合理、有效、科学地组织起来。如果管理水平高，组织得好，则可能会事半功倍；如果管理水平低，组织得不好，则可能使三个物质要素的力量抵消，造成经济效益低下，甚至导致零效益。可见，三个物质要素必须借助于管理组织，才能成为有效的社会生产力。很多国家都十分重视管理人才的在职培训工作，从而不断提高企业的生产效益。

国外管理人才的在职培训始创于美国。美国麻省理工学院于1931 年率先举办了为时一年的青年管理人员在职讲习班；后来哈佛大学管理学院将这类培训正规化，现在的"哈佛高级管理人员

第五章　落实到位的人员通道

· 183 ·

讲习班"就属这类在职培训。全美设有管理系科的600多所大专院校中，有2/3以上的院校举办了各种形式的短期讲习班。现在许多国家也纷纷建立管理人员在职培训网络，以企业、高校和政府三位一体的形式，不断扩大在职培训人员的数量和范围。

法国在1960年以后，许多大学和高等商业学校为了加强同企业界的联系，直接为企业服务，纷纷建立管理人员的培训中心。例如，法国经济与商业科学高等学校的分校实际上就是一个培训中心，每年培训3000名左右的管理人员。

日本企业界也非常重视管理人员的在职培训，它们的企业管理人员分为高、中、低三个层次。企业对各层次管理人员都有强制性的学习计划。一些企业规定高层管理人员每年培训3~4次，每次一周，内容侧重于全局性经营管理方面；中层管理人员每年培训时间累计为两个星期；低层管理人员每年培训时间累计为四个星期，内容是改进管理技术。

③离职培训。

离职培训的方法是让员工，特别是工作了一段时间的员工，离开工作岗位到大学或其他单位或本单位专职培训班学习一段时间，一般是半年、一年或更长的时间。

在美国，出现了不少企业自己办的大学，就是为企业离职培训人员提供的，目的是提供专门的科技教育课程，有的还授予学位。

离职培训的方法包括课堂教学、影视教学或模拟教学等。课堂教学适用于传授专门知识给员工，可以有效地提高员工的技术和解决问题的技能；影视教学适用于示范技术；模拟教学采取案例分析、角色扮演等形式，可以帮助提高员工协调人际关系和解决问题的技能。复杂的计算机模式也属于模拟教学的一种。实习培训和辅导培训也属于模拟教学。这类培训是让员工在与实际工作完全相似的场所进行培训，学习日后工作所需的知识和经验。美国许多大型连锁店总公司就以一种模拟营业场所的实验室教授其收款员如何操作计算机、记账机，如何接待顾客等。

（4）企业支付学费的培训

这种培训方式是鼓励员工利用业余时间到附近的培训学校去进修。经过企业同意，员工可结合本职工作去大学或社会学校继续深造，但只给那些取得合格成绩的人报销学杂费。

（5）学徒式培训

这种培训方式有离职和在职两种。离职一般是指到技术学校学习，在职一般是在指定师傅的指导下进行。这类培训最普遍应用于工艺及技艺方面，因为只有经过长时间观摩学习，在技师直接指导下不断练习，才能达到熟练。学徒式培训期一般为 1~3 年。

4. 致力于落实型人才的评估

对人才进行评估是落实力组织中人力资源部门的一项重要职责，也是人员通道的主要组成部分。人员的一切工作，都要求必须对人才的能力做出正确的评估。没有评估，你不可能了解一个人的潜能，也不可能清楚地知道他适合在哪一方面发展，或者说他是否能适应下一阶段的战略目标及企业运营的需要。

落实力组织中的人才评估与传统的评估有很大不同。传统的评估往往是由几个人组成评估小组，依据他们自己掌握的信息对人员做出评估，提出结果。而落实力组织中的人才评估更倾向于有本人（被评估人）参与的双向评估。这是一个互动的过程，评估结果在评估过程中已经传达给了被评估者，评估是在一种坦诚的气氛中进行，评估全面、公正，同时也是对被评估人的培养。

在美国霍尼韦尔公司，人才评估被称为管理资源评估。它们通常是在春季和秋季举行，为期2天，而且一般是在战略计划提出和运营会议之间进行。人才评估的活动范围被扩展到整个公司，从总经理到各业务部门的经理。在进行人才评估的时候，人们不仅要评价参与者在当前这份工作中的表现，还要对那些潜在的继任者进行评估，并根据评估结果对被参与者的工作岗位进行调整。人才评估还会就那些无法胜任自己当前工作的人进行讨论，并设法制定出相应的解决方案，这样可以对他们进行更多的指导，或者便于给他们调换工作岗位。对于那些可能离职或被开除的员工，领导者还必须准备好接替他的人。

除了人员的评估之外，人才评估还涉及组织设计、一般人才的开发和技能需求，以适应新的战略计划的要求。

评估前，领导者要花大量的时间为评估进行准备。他们不仅要对那些向自己直接汇报的下属负责，还要考虑到对这些下属进行直接汇报的人。他们不仅要展示自己的观点，还要为随之而来的讨论做好准备——如果有人反对的话，他们要能够为自己的观点辩护。准备参加人才评估会议的员工必须事先提交自己的评估报告，而且那些没有达到要求的评估报告还将被返还给员工个人，要求重写一遍。另外，要保持整个流程的诚实性。

即便最优秀的领导也不能仅凭个人的印象来评判一个人。这种公开评估之所以有必要，原因就在于它能够在某种程度上有效克服单独评估过程中的主观性。之所以说是"在某种程度上"，是因为当几个人同时对一个自己熟悉的人进行评估的时候，本来是主观的评价也或多或少地具有了客观性。

对一个人进行正确的评估，并对有潜力者给予指导和培养是构建落实力组织不可缺少的工作。

在评估中进行坦诚的交流十分重要，这不仅是得到正确的评估结果的前提条件，而且，在就事论事的坦诚的评估过程中，也是对被评估者的一次指导和培养的很好的机会。

在评估中，坦诚地沟通意见是评估公正的保证。每个人的角度与观点各不相同，当开展坦诚的评估时，就会捕捉到各方面的因素，从而对一个人做出公正的评价。另外，只有当别人提出问题与不足时，一个人才能进步，相反，如果在评估过程中，每个人都只说好的一面，而对被评估者工作中存在的问题和缺陷闭口不谈，那么可以想象，这样的评估结果既有失公允，被评估者也不可能发现自身的问题而及时改进，当然也就学不到任何东西，不会有所进步。这是落实力组织不允许发生的事情。

五、让压力管理成为落实的动力

1. 对落实者适时适当地施加压力

最早对工作压力与工作业绩之间的关系进行研究的是耶基斯和多德林。在早期的研究工作中，他们对老鼠进行了实验，结果显示，在刺激力与业绩（逃避学习的速度）之间存在着一种"倒U"关系，这就是著名的"耶基斯和多德林法则"。这一法则认为，刺激力的最佳水平能够使业绩达到顶峰状态，而处在一种充满压力的工作状态下，过小或过大的压力都会使工作效率降低。也就是说，当压力较小时，工作缺乏挑战性，人处于松懈状态，效率自然不高；当压力逐渐增大时，压力成为一种动力，会激励人们努力工作，效率将逐步提高；当压力等同于人的最大承受能力时，人的效率会达到最高值；但当压力超过了人的最大承受能力之后，压力就成为阻力，效率也随之降低。

低水平的或温和的压力对人的工作效率起着一种激励和积极的作用，而过高水平的压力则是一种冲突的力量，是一种消极因素。压力过大以至于不能适度应付或无法控制，会干扰工作业绩。比如，运动员打破纪录总是在具有压力的比赛之中。过度的压力会影响工作效率，使问题频繁出现，譬如焦虑、失眠、烦躁。因此，压力对工作效率的影响要一分为二地看待。

良性的压力会驱使人们工作更卖力，把事情做得更好。人需要有一定的压力，才会更注重落实，工作才能更有效率，但这些压力必须适当、适量。负面压力或压力过重会有不良影响，会引起生理和心理上的病症，同时，还有可能导致行为上的改变，如酗酒或服用镇静剂。

目前，压力管理正日益受到企业管理者和社会的关注。员工压力管理有利于减轻员工过重的心理压力，使其保持适度的、最佳的压力，从而使员工提高落实力，进而提高整个组织的落实力水平。企业关注员工的压力问题，充分体现了以人为本的理念，有利于构建良好的企业文化，增强员工对企业的忠诚度。

当然，这里所说的压力指的是个体对某一没有足够能力应对的重要情景的情绪与生理紧张反应。当一个人承担不了所受的压力时，通常会出现以下症状：在生理方面，会感觉头痛、恶心或呕吐、掌心冰冷或出汗；在情绪方面，脾气会变得急躁、忧虑、容易发怒、紧张；在行为方面，会出现失眠、过度吸烟、喝酒、拖延、迟到缺勤、停止娱乐、厌食；在精神方面，会出现记忆力下降、注意力不集中。而持续性压力过大，一个人容易产生态度消极、优柔寡断等问题。

企业的管理者应时时关注员工身上出现的种种信号，综合考察各方面的压力源，若发现确实存在过度压力，就应采取压力管理。

压力管理可以分成两部分：第一部分是针对压力源造成的问题本身去处理；第二部分是处理压力所造成的反应，即对情绪、行为及生理等方面的反应进行缓解。

要让员工受到的压力变为前进的动力，而不至于变成摧残其身心的"凶手"，企业就必须提供一个最具创造力、最具生产力、充满挑战的环境。

在英特尔，一个人不论是否已经为晋升做好了准备，一旦被高层选中，他往往直接被授予较高的职位。让有能力的人迎接更高的挑战，这是总经理葛洛夫的看法。他认为，学习速度快的人，一旦授予更高的职位，给予更大的挑战，他便会以更快的速度学习，变压力为动力，往往就能达到目标。

举例来说，当盖尔辛格被擢拔负责486晶片开发计划时，他年仅27岁，只有少许的管理经验。但葛洛夫认为他是合适的人选，因为他有深厚的科技知识作背景，同时他有不停学习的心态，会主动吸收所需的新知识。事实证明，他成功地带领486晶片开发团队完成了预定的计划。在后来的岁月中，他也以这样的特质完成了更多的挑战。盖尔辛格的职位很快地往上升，1997年，他已经成为该产品部门的副总裁了。

另一个例子是辛格，Pentium微处理器开发团队里一位优秀的工程师。他对设计新的开发工具有绝佳的贡献，于是葛洛夫让他管理设计技术组。虽然他并没有多少管理经验，但是他爱学习，不惧怕压力，往往将压力变为动力，不仅在技术上将设计工具的品质大幅推进，对手下数百人的管理也有超乎预期的表现。

英特尔有太多的工作，需要每个员工立刻着手上阵，没有停滞的机会。因此，一直以来，进入英特尔的新员工都是立刻投入职场，视压力为在职训练的一部分。每个人都在开放的环境里，快速学习别人的经验，以迅速解决自己的问题。工作与学习激发了员工无限的潜力。

所以说，英特尔提供给员工的是一个随时随地面对挑战的环境，让员工学习、进步。当然，这种环境的负面影响是，有些员工会感受到太大的压力和过多的工作量。但也正是在每日不停地高速运转中，成就了高产值的英特尔。英特尔公司因为让压力变成了动力，同时保护了员工的身心健康，这是针对压力源进行的绝佳管理。

适度的压力是前进的动力，过度的压力是前进的阻碍，但没有压力就没有落实力。企业的管理者必须深刻认识到压力管理的重要性，并在实践中加以推行，这样才能拥有一支身心健康、积极热情的员工团队，才能创造出更高的落实力。

2. 用不同方法给落实者"施压"

当一个人处于轻度兴奋时，他能把工作做得最好；当一个人一点儿兴奋感都没有时，他也就没有做好工作的动力了；相应地，当一个人处于极度兴奋时，随之而来的压力可能会使他完不成本该完成的工作。所以，高层领导者应该充分认识到压力的负面效应，用不同方法在管理上适时适度地给落实者施压，以提高工作效率和整个企业的落实力。施压的方法很多，其中比较有效的有以下四种：

①为中层设置工作的最后期限。

很多中层在做事情时有拖延的习惯，总认为现在不必着急，事情还可以再拖上一段时间。如果中层这样，员工也会这样，企业的落实力就必然很差，所以，领导者必须要尽力消除这种现象。

在所有的措施中，其中重要的一条是给中层的工作设置最后的期限。在交给中层工作任务之前，先预估中层可以完成任务的时间，同时说明最后完成的期限以及超过期限的惩罚。这样，中层在有限的时间里，必然认认真真地工作，不敢懈怠，以便尽快完成。

②让员工有一种紧张感。

在有落实力的企业里，所有的中层都是忙而有序。为了提高企业的落实力，中层管理者必须充分调动每个员工的积极性，使每个员工忙碌起来，让员工有一种压力感和紧张感。中层管理者要给员工合理地布置任务，制定完成任务的各项指标。对于完不成任务的员工一定要采取相应的惩罚措施，否则，散漫的空气很快就会在企业里弥漫开来，使企业的落实力大大降低。

③促进落实者之间的良性竞争。

落实者之间肯定会存在竞争，竞争分为良性竞争和恶性竞争。中层管理者的职责之一就是遏制落实者之间的恶性竞争，积极引导其开展良性竞争。

良性竞争对于员工是有益处的，能促进员工之间形成你追我赶的学习、工作气氛。大家都在积极地思考如何提高自己的落实力，如何掌握新技能，如何取得更大的成绩……这样企业的落实力就会大大提高，员工间的关系也会更好。

中层管理者如果不加以正确引导，员工之间有时会形成恶性竞争，它会使团队内部人心惶惶，员工之间存在敌视态度，这样，企业的落实力必然会下降。

中层管理者一定要关心员工的心理变化，从实践和制度两方面入手，让大家心往一处想，劲儿往一块使，这样，团队的落实力就会越来越高。

④为落实者设置一个"竞争对手"。

每一个人都有自尊心和自信心，内心里都希望"站在比别人更优越的位置上"，或"使自己成为重要的人物"，从心理学上来说，这种潜在心理就是一种自我优越的欲望。有了这种欲望，人就会努力成长。也就是说，这种欲望是构成人类干劲的基本元素。

这种自我优越的欲望，在有特定的竞争对象存在时，会更加显著。因此，在很多企业中，中层管理者或落实者都会利用这种心理，为落实者设置一个竞争的对象，以便激发其干劲。

附录：压力管理与奖励管理相结合

台塑集团董事长王永庆始终坚信"一勤天下无难事"，他认为承受适度的压力，甚至主动迎接挑战，更能提高一个人的落实力。每个人的潜能都是很大的，只是在平常的环境和条件下难以发挥出来，因为人的惰性也很大。只有周围环境比较恶劣，或受到某种外在因素的激发，人才会冲开自己的惰性层而表现出非常的潜能来。人们常说的"急中生智""置之死地而后生"，说的便是这个道理。

王永庆的生活阅历，使他对这一问题的感受比一般人更为深刻。他在总结台塑集团的发展过程时说："如果台湾地区不是幅员如此狭窄，发展经济深为缺乏资源所苦，台湾地区的企业可以不必这样辛苦地致力于谋求合理化经营就能求得生存及发展的话，我们是否能做到今天的 PVC 塑胶粉及其他二次加工均达世界第一，不能不说是一个疑问。台塑企业能发展至营业额逾 1000 亿元的规模，可以说就是在这种压力逼迫下，一步一步艰苦走出来的。"

事实的确如此，台塑企业如果当初不存在产品滞销，在台湾地区没有市场的话，王永庆就不会想到扩大生产，开辟国际市场；如果没有台湾地区塑胶粉粒资源贫乏的严酷事实，他就不会有在美国购下 14 家 PVC 塑胶粉粒工厂之举。当然，台塑公司也不会有今天的规模。

王永庆深刻地研究了这一问题，并创立了"压力管理"的方法，人为地使企业和台塑的所有从业人员感受到压迫感。

先说企业的压力。随着时间的推移，台塑集团的规模越来越大，生产 PVC 塑胶粉粒的原料来源却是一个越来越严峻的问题。尽管台塑在美国有 14 家大工厂，但美国的尖端科技与电脑是领先的，台塑与这样的对手竞争，压力是巨大的。他们必须去开辟更多的原料基地，企业才会出现第二个春天。这既是企业的压力，也是王永庆的压力。

再说全体从业人员的压力。台塑的主管人员最怕的是"午餐汇报"。王永庆每天中午都在公司吃一盒便饭，用完餐后便在会议室里召见各下属机构主管，先听取他们的报告，然后会提出许多犀利而又细微的落实问题逼问他们。主管人员为应付这个"午餐汇报"，每周工作时间不少于 70 小时，他们必须对自己所管辖部门的大事小事都十分清楚，对出现的问题做过真正的分析研究，才能够清楚回答王永庆的问题。

而王永庆呢？他每周的工作时间在 100 小时以上。由于他追根究底、巨细靡遗，整个庞大的企业都在他的掌握之中，他对企业的运作的每一个细节都了如指掌。

为了使每一阶层的就业人员都有压迫感，台塑采取的是"中央集权式"的管理，采取"中央集权"，即设立一个运筹帷幄的指挥中心，以控制下设的十几个机构。这个指挥中心便是台塑总管理处，下面的十几个单位是指各总经理室及采购部、财政部、营建部、法律事务部、秘书室、电脑处等。总经理室下设营业、生产、财务、认识、资材、工程、经营分析、电脑等几个组。这有如一个金刚石的分子结构，只要自顶端施加一种压力，自上而下的各个层次便都会产生压迫感。

很多企业都处于老板推一步员工走一步的被动状态，也就是说，这些企业的"推夫"只有一个，因此动力较小。而台塑企业相当于"老板级"的幕僚便有200多人，也就是说有200多位"推夫"。这些"推夫"会直接管到企业的底层，因此动力较大。总经理的幕僚成功地扮演着王永庆的"耳目"。他们传达着他的命令，贯彻着他的指示，严密地考核着落实后的成效。尽管台塑的幕僚人员不懂技术，但他们长于分析。他们认为，管理不当是人为因素造成的，从这个角度去分析、改进，常常会得到好的成绩。

台塑的压力这么大，要求如此刻苛，为什么还会有那么多人为它效力呢？许多人为什么非要在台塑这棵"歪脖树"上"吊死"呢？这便是王永庆的"奖励管理"方式使然。

王永庆对员工的要求虽近苛刻，但对员工的奖励也极为慷慨。台塑的激励方式有两类。一类是物质的，即金钱；一类是精神的。台塑的金钱奖励以年终奖金与"改善奖金"最有名。王永庆私下发给管理人员的奖金称为"另一包"（因为是公开奖金之外的奖金）。这个"另一包"又分为两种：一种是台塑内部通称的"黑包"，一种是给特殊有功人员的"杠上开包"。有一年"黑包"发放的情形是：课长、专员级新台币 10 万~20 万；处长高专级 20 万~30 万；经理级 100 万。另外，还给予特殊有功人员 200 万~400 万的"杠上开包"。具有高度落实力的经理每年薪水加红利可达到四五百万元，少的也有七八十万元，此外还设有成果奖金。对于一般职员，则采取"创造利润，分享员工"的做法，员工们都知道自己的努力会有回报，因此他们都拼命地工作。台塑的绩效奖金制度造成了"1＋1＝3"的效果，于是，台塑取得了成功。

如果说，王永庆的"压力管理"对员工起的作用是"推"的话，那么，他的"奖励管理"便是"拉"。这一"推"一"拉"之间，拿捏得恰到好处，便使员工们产生了双重的动力。

六、建立一个落实型团队

1. 引入团队

团队建设在日本的大企业经营内容中占有很大的比重，甚至成为外界学习与了解日本经济的突破口。

"二战"后，日本经济迅速发展，同时也使整个世界为之一震。日本企业在世界市场争夺中的屡屡得手，使人们更想通过其辉煌的企业业绩来窥视一下他们的企业成功的内在奥秘，于是团队建设的话题又一次被引入了企业管理界。

如今，在全球各个国家，团队都已成为企业中必不可少的力量，无论是大团队还是小团队。人们在结成团队的过程中，交流的方式被大大地扩展了，甚至还创造出了自己独有的沟通信号。除了讲与听、写与读这种直接的交流，还利用目光、姿势、摇头、点头、皱皱眉、拍拍背等这样的身体语言来相互会意。

每个人都希望最有成效地发挥自己的聪明才智，在工作中实现心理上的成长，这正是自我实现的需要。但科学技术发展到今天，单凭个人智慧与能力，要成功并不太容易。人们个人价值的实现、参与感的满足往往通过一个个相对独立的团队、群体而得以实现。

在团队里，人们在展示才华的同时，又学到了自己未知的事物，奇思妙想的智慧火花正是伴着团队中无拘无束、轻松自如、协调一致的气氛而不断闪现的，而这些精妙的思想正体现了团队的力量。

企业是一个庞大的机体，团队从某种意义上来说是组织机构的最大精简。传统的金字塔结构在倒塌后，会留下一个大的底座，即塔基。塔基就像企业最臃肿的"包袱"。团队、群体的组建使规模庞大的组织被分割成了灵活自如的小块，小块之间有发达的组织，"通讯神经"相连，使它们互相牵制，又保持相对的独立。而且值得注意的是，团队的建立使这个群体在时间的推移过程中也有了自己的特有心理现象，正如个人的感觉、意志、动机等心理特征一样，团队的群体心理如舆论、士气、风尚、自豪感等也会作用于其中的每一个人，使他们形成荣辱与共的共同心理。对企业来说，一个团队就如同一个有着很高工作效率、讲求工作业绩的组织管理人，为企业的发展与创新献计献策，而且从宏观上来看，这样的团体形式也会使人产生简练、明快的组织印象。

管理的目的在于提高企业的业绩，促进企业的成长与发展，团队的引入无疑为企业组织机体提供了真正具有活力的"细胞"。

2. 通过团队解决问题

团队在落实过程中具有重要的作用，借助团队的力量，企业可就战略目标形成共识，在落实战略目标时也可以对出现的问题提出完善的解决方案。在团队推动战略落实目标的过程中，团队管理有两个重点，即团队的组建和团队会议安排。

（1） 成立跨部门团队

成立一个跨部门的团队是落实过程中的一个重要因素。大的企业应避免职能具体化。例如，在习惯上，企业会任命财务副总裁负责财务方面的目标和量度指标，让销售副总裁负责客户方面。这类职能的部门化是不符合通过团队共同解决问题这一原则的。完成量度指标和采取行动等责任应由整个管理层共同承担。

美国某工程公司运用他们的内部业务流程价值链，成立了5个跨部门团队，对其战略中的不同方面实施管理。负责确定客户需求的团体，其职能就是促销，但该团队的成员来自经营、工程和质量等部门，所以每个成员都对客户的需求有着完全不同的看法。将这些不同角度的看法综合起来，运营效果比单一部门更加高效。

（2） 团队会议激发创意和落实方案

团队会议，几乎是任何规范性企业的管理者都应该召开的会议。在团队会议上，所有与会人员都可以畅所欲言，共同评判目前的不足，并决定目标下一步的发展。可以说，团队会议如同一个行动的"头颅"，战略计划的落实者从会议上即可收到各种信息，也能得到各种指示。但是，大多数企业的团队会议形式均过于松散。

典型的团队会议通常都是以营运作业的检讨与战术性的讨论为主，并未预留战略议题的时间。

与此相反，以战略落实为核心的企业则必须运用新的管理反馈流程，使团队会议的议题集中在有关战略、团队合作与学习上，取代先前的报告与控制的形态。其会议的目的在于管理与改进战略，而非战术。

此外，有效的团队会议流程还需适当的人力支援，比如由指定的行政人员负责团队会议议程、处理会议的相关文字工作、协助报告的写作，以及协调与会人员的时间。

必须注意的是，团队会议的议程要环绕着落实的战略目标来设计。这样一来，随着经验的积累以及汇报系统的持续完善，会议的方式将逐渐转为落实导向，而有效的会议也会产生富有战略意义的落实方案。

3. 寻找落实型团队的核心

就像群羊里有头羊、蜜蜂里有"蜂王"一样，团队也需要"领头羊"和"蜂王"。尤其是落实型团队，更应如此。试想，当团队犯了落实不力的错误，应该由谁来负责呢？答案当然是团队的领导者。

一个落实型团队的存在必须要有强有力的领导和支持。落实型团队工作机制在许多方面与传统管理设想和实践都是背道而驰的。

落实型团队"领头羊"必要的领导职责是：

①维持符合实际的远景规划的重点地位；

②排定会议时间表并安排会议议程；

③促进致力于落实的会议的召开；

④保证行政纪律，确保完成报告，准备并提交预算；

⑤确保团队里具有落实力的成员获得认可和鼓励；

⑥解决冲突；

⑦上下交流。

一个团队的目的若是模糊不清，就注定将毫无效果。在对团队过度管理和管理不足两个极端之间，应有一个恰当的中间立场。

至少团队必须了解其要落实的最终任务是什么：一道新工序、一件新产品、针对某个问题的解决方法、一篇报告还是一项计划。团队必须知道自己的权威等级：自己能否采取行动，如果不行的话还需要什么批准程序；必须知道为落实工作，有哪些资源可以利用，并预计自己工作的大体时间范围。

另外，企业领导对团队的发展也负有重要责任，因为他对团队本身发展的长期目标承担责任。如果一个团队被授予新的权力和责任，而没有具备必需的知识并以负责的方式使用，这就等于一捆炸药被点燃了而没人管一样，随时都会造成重大伤害。

以下四个方式有助于最大限度地开发团队的落实潜力：

①分享所有相关的信息，而且要保证团队成员完全明白这些信息；

②强化团队处理问题的落实能力，将训练和工作直接同团队的实际问题结合起来；

③提高团队的决策能力；

④保证团队决定落实的最佳方式或者说是"重新设计"。

致力于落实的领导者应该与团队一起工作，帮助其提高使用信息、解决问题的能力。当团队表现出可以为落实负责的能力的时候，便可被授予更高一级的权力、资源、信息和培训等。

团队领袖作用的一个中心部分，是建立他的团队同组织中其他部门的有效联系，还要确保所有团队成员对企业、落实目标及其结构有一个基本的认识。团队成员如果不具备关于企业的基本知识，就难以认识到一个决策对其团队和整个企业的潜在影响，就不能保证决策的可落实性。团队成员接受的全局观念越强，领导者在做决策时对整个工作的落实就会考虑得越多。

当团队成员相互之间越来越默契，并且都愿意把团队利益放在第一位时，人们就开始明白团队中不同的人扮演不同的角色，成功不是个人的奋斗结果。如果有一个角色空缺，整个团队都要为此付出代价。就像一只木桶，少一块都成不了木桶；而长短不齐，虽成桶，却也只能装水到最短处。当企业领导发现有一个角色空缺或团队成员不能同步前进时，应对团队及时做出调整以确保工作顺利进行。

领导者如果期望团队取得成功，就必须毫无保留地公开支持团队对落实的种种努力。当然，看到团队需要帮助时，也必须给予支持。领导者参与团队活动将会促进他们与下级之间的信任和合作，同时也提高他们自己作为有能力的领导的声望。

第六章

落实能否到位的三个具体问题

落实是一个系统工程，不仅仅是命令与执行的问题，它必须以目标愿景为起点，以成效为依归。一个企业的规模越大，落实的层次就越多，中层落实到位的阻力就越大。落实过程牵涉到管理、实践的各个层面，如果要对"落实不力"这一顽疾"动真格"的，中层管理者就应该做好准备，以应付复杂的局面。

一、中层管理队伍的落实能力至关重要

1. 中层管理者的承上启下作用

一般来说，企业的中层管理者是指那些在产品开发、策略规划、人力资源、会计财务、行销、生产等关键部门、岗位的管理人员。他们是企业中的一个特殊群体，他们自身职责和权限的规定，决定了他们在企业中既不同于高层领导又不同于一般员工的角色定位。他们不仅仅发挥着信息传递的作用，而且具有领导以及监督的职能。

拥有一批精明强干的中层管理人员，是一个企业尤其是大企业落实过程的基本条件。

在工作中，人们常常看到这样的情景：在企业的季度工作会议上，营销部负责人说："最近的销售不好，我们当然有一定责任。但更主要的原因是对手推出了更新的产品。"研发部负责人紧接着说："我们最近推出的新产品是少了些，不过这主要是由于研发预算太少了。就那么一点儿预算，还被财务部门给削减了大半。"财务部负责人马上接着解释："公司成本在上升，我们没钱呀！"这时，采购部负责人跳起来说："采购成本上升了20%，导致了成本的急速攀升。"于是，大家异口同声地说："原来如此。"言外之意便是："大家都没有责任。"最后，人力资源部经理发言："这样说来，我只好找低成本的地方了！"

上述情景是典型的中层松散现象。当工作出现困难时，各部门不是先从自身找原因，而是指责相关部门没有配合好自己的工作。还有些企业，工作中出了问题无人过问，大家装作什么都不知道，什么都没发生过；即便知道出了问题，也相互推诿扯皮，责任能推就推，事情能躲就躲。最后，问题只有不了了之。

中层松散的表现有多种，总的来说就是一盘散沙，很难团结起来协同作战，落实力衰微，办事互相推诿扯皮。一家企业的中层管理者如果是这样，那么对企业来说是一场灾难。企业无论有多么好的战略计划、多么好的创意方案，都会毁在这群人手里。

如果一家企业的中层管理者以落实为工作导向，那么他们就能尽快发现问题，齐心协力把问题解决。如果落实中发现什么重大问题，他们也能够很快向上级反映，及时避免不必要的损失。

落实的实质是通过下属完成任务，即企业借下属的力量完成整体的落实目标。企业的整体落实力如何，关键在于中间管理层对于落实角色的认知程度。中层管理者好比是三明治中间的那块料，一个三明治好不好吃，主要看中间的那块料怎么样。一个企业落实力是不是强，要看中层管理者是否得力。

一项调查表明，企业能保持持续发展和改革，达到更高的业绩，关键的因素不仅仅在于高级管理者，而在于一批具有落实才能的中层管理者和专业人才。这些人把高层主管的意愿、工作动力及生产率与市场现实这三股企业发展的合力连接在了一起。

如果把一个企业比作一个人的话，最高领导就是脑袋，要去思考企业的方向和战略；中层就是脊梁，要去协助大脑传达命令到四肢，也就是基层员工那里。可以说，中层是最高领导的"身躯"，也就是支持大脑的"脊梁"。因此，中层管理者的核心价值就是具备落实能力。当企业有了很好的年度计划或专项计划，又有了一套可行的目标管理方法后，剩下的就是如何去落实，即履行计划、达到目标，价值的产生和期望的达到都有赖于他们的落实能力。可以说，一个好的落实部门能够弥补决策方案的不足，但一个再完美的决策方案，没有强有力的中层管理人员也会"死"在滞后的松散部门手中。从这个意义上说，中层管理者的落实力是关系到企业管理成败的关键。

2. 中层管理者应具有的能力

一支心态端正、素质非凡的中层管理队伍可以起到中流砥柱的作用；相反，中层管理者如果在心态或者素质方面有问题，那么将严重干扰落实的进程和效果，甚至造成不必要的内耗。

作为中层管理者，一旦周围同仁和领导从你身上感受到了坚定的力量，他们必然会信任你。反之，如果你被畏难情绪所左右，连正常的能力都发挥不出来，那么，落实过程中的"脊梁"就软了，完成落实肯定更无从谈起。中层管理者必须同时是团队成员与教练。他们的工作是管理、协助，而不是控制。他们应该能够激励、赞美别人。中层管理者必须是"充电器"，而不是"耗电器"。

有人曾把中层管理者划分为四种类型：

第一种类型：他们对企业许下承诺并认同企业的价值观。这是最理想的。

第二种类型：他们无法完成承诺，也不认同企业的价值观。这种人在企业没有立足之地。

第三种类型：他们虽然无法完成承诺，但认同企业的价值观。企业可以为他们提供机会。

第四种类型：他们能够完成承诺，但不认同企业的价值观。他们很难有大的发展。

企业必须采取行动来处置那些不能扮演好团队成员角色的中层管理者。而对那些能够认同企业价值观，又能完成落实任务的中层管理者，企业必须不拘一格地提拔他们。

因此，坚定落实是中层管理者势在必行的工作。在落实过程中，无论遇到什么问题，甚至遭遇风险，中层管理者都应鼓足勇气、勇往直前，这样方能历练出自己独有的落实力。不难发现，优秀企业的领军人物身上都具有知难而进的特质。那些在困难面前犹豫不决、徘徊不定，企图以投机取巧的心态来回避问题的中层管理者，最终只能滑向软弱无为，变得平庸。

在实践中，我们经常可以看到，企业的正确战略决策或者某项有效的管理规则，由于中层管理者一念之差、"定力"不足，而被葬送于具体落实过程中。中层管理者的落实力是企业实施有效管理的基础。所以中层管理者在具体工作过程中所表现出的不为繁杂现象迷惑，不为暂时困难困扰，百折不挠、坚忍不拔、执着追求的个性与品格相当重要。

第六章　落实能否到位的三个具体问题

中层管理者又称中层落实者，是一个特殊的层极，他们既是管理者，又是具体的执行者，中层管理者应该有意识地提高以下能力：

①领悟能力。

做任何一件事之前，一定要先弄清楚最高管理者希望你做什么，然后以此为目标来把握做事的方向。这一点很重要，千万不要一知半解就开始埋头苦干，到头来力没少出、活没少干，但结果都是事倍功半，甚至前功尽弃。要悟透一件事，胜过草率做十件事，并且会事半功倍。最糟糕的事情莫过于用最有效率的方式完成一件不该做的事情。

②指挥能力。

无论战略计划如何周到，如果不能有效地加以落实，就无法产生预期的效果。为了使下属有共同的方向可以落实，制定计划、适当指挥是有必要的。指挥下属，首先要考虑工作分配，要检测下属与工作的对应关系，也要考虑指挥的方式。语气不好或是目标不明确，都是不好的指挥者。好的指挥者可以激发下属的意愿，而且可以提升其责任感与使命感。指挥能力的最高境界，是每个下属都能够自我指挥。

③协调能力。

任何工作，制定完善的计划，再下达适当的命令，采取必要的手段，就会顺利完成。但事实上，有些中层管理者的大部分时间都花在了协调工作上。协调不仅包括内部上下级、部门与部门之间的共识协调，还包括与外部客户、关系单位、竞争对手之间的利益协调，任何一方协调不好都会影响落实工作的完成。真正具有协调能力的人清楚最好的协调就是实现共赢。

④判断能力。

判断能力对于一个中层管理者来说非常重要。企业经营错综复杂，常常需要了解事情的来龙去脉、因果关系，才能找到问题的真正症结所在，并提出解决方案。这就要求具有洞察先机、未雨绸缪的能力，这样才能化危机为转机，最后变成良机。

⑤创新能力。

创新能力是衡量中层管理者、一个企业是否有核心竞争能力的重要标志，要提高落实力，要时时、事事都有强烈的创新意识，这就需要不断地学习。而这种学习与学校里那种单纯以掌握知识为主的学习是很不一样的，它要求人把工作的过程本身当作一个系统的学习过程，不断地从工作中发现问题、研究问题、解决问题。而解决问题的过程，也就是向创新迈进的过程。因此，做任何一件事都应该认真想一想，有没有创新的方法使落实的力度更大、速度更快、效果更好。要清楚创新无极限，唯有创新，才能生存。

上述所有这些能力都是中层管理者应该具备的，这些能力可以帮助他们做出恰当、正确的决策，并保证决策得以落实。

附录："只有落后的干部，没有落后的群众。"

"只有落后的干部，没有落后的群众。"这句在我国耳熟能详的口号，形象地道出了干部，尤其是中层干部，对于落实的关键作用。在海尔公司，出了问题，只能说干部素质差，不能说普通员工的素质差，对此，张瑞敏有一句非常严肃的话："部下的素质低不是你的责任，但不能够提高部下的素质，是你的责任。"海尔善于寻找管理的薄弱环节，即"木桶最低的那一块"，并从这一块抓起，解决集团内部落实力水平不平衡的问题。

海尔各个公司都是"一把手"负责制，无论出了什么事情，集团总裁都拿各公司"一把手"是问。

海尔的干部是干出来的。现在海尔集团的中层干部，基本上都是前几年到海尔参加工作的年轻人，他们从公平竞争中靠卓越的落实力脱颖而出，成为各管一方的大将。

张瑞敏最看重的，是干部的落实能力和实干精神。

有一年下半年，海尔有个别干部放松自我约束、自我加压，不再琢磨开拓市场的思路，想靠不正当的营业手段，寻求虚假效益，事后还不及时报告。针对这种现象，集团召开了经理会议，张瑞敏在会上严厉地批评了这几个人："搞生产经营，不老实干，休想！海尔从无到有，从小到大，发展到今天年销售额上亿的规模，靠的是什么？靠的就是脚踏实地拼搏的精神。你们失去了这种精神，所以工作迟迟不见起色。"

借此机会，张瑞敏向干部提出了三点要求：

一是正确认识自己，正确对待自己。有的干部落实效果很差，工作干得不怎么样，却自以为是，"面子"丝毫不能侵犯，"派头"更是摆得不小。这些干部不想想，没有海尔的业绩，哪有你个人的地位？没有员工的努力，哪有你的权力？

二是应充分研究竞争对手。有的干部没有充分研究市场、研究竞争对手，心中无数，信息不灵，碰上强手一筹莫展，碰上弱者夜郎自大，不具备与人家竞争的起码能力。

三是要紧跟集团步调。集团是新生事物，每出台一个措施，都会存在不完善的地方。有问题，应该齐心协力帮助解决，但不允许以种种理由来抵制或不去落实，更不允许各自为政。集团的几个中心和十几个专业委员会就是代表集团整体利益开展工作的，是"大势"，必须服从，不谋集团的"大势"，何谈保企业的"小势"！

张瑞敏最后是一番既强硬又语重心长的话："集团发展到今天，我们只能干得好上加好，否则将对不起大家，对不起员工，更对不起老百姓的血汗。"

会议过后，张瑞敏对干部进行了调整。

张瑞敏认为，领导者素质的优化是现代企业发展的关键。现代企业要生存就必须领先，领先又首先是观念领先，观念的领先和落实的成功与否取决于领导者的素质。

张瑞敏常说："海尔向现代化企业迈进，需要我们的干部特别是各单位的主要领导干部在两个方面领先，一是奉献精神，二是落实能力。商战如兵战，一着不慎，可能招致满盘皆输。在这里，落实力的关键是要高出竞争对手，处于领先地位。"

张瑞敏还说："检验的标准是看成果，如果你的那块'地盘'总是面貌依旧，江山未改，你就该'三省吾身'，一省观念是否领先，是否符合现代企业的要求；二省发展方向是否对路，能否形成有竞争力的规模经济；三省市场目标是否找准，是否落实了名牌战略。当然，结果不好的责任还要你负，道理很简单，你是领导者，不是被领导者。"

二、企业的规模与落实问题

1. 企业规模和落实方式的关系

企业的规模，对企业的落实方式有很大的制约。反之，企业的落实方式也对企业的规模有一定的限制。企业的规模不同，应有不同的落实方式。

作为企业的高层管理者，首先必须了解本企业实际是什么规模，本企业应该是什么规模，以及本企业的现有规模究竟是否"适当"。

管理者还必须知道企业的规模和复杂性与其落实方式的关系。因此，界定企业规模的大小是管理者必须思考的问题之一。

"企业规模"实际上是一种整体上的衡量，不能仅凭企业的一面衡量。要确定一家公司是小型还是大型，必须同时兼顾各项因素，包括员工人数、销货量、附加价值、产品的复杂性及多样性、介入的市场数目以及技术的复杂性等。此外，还得考虑该企业机构的组织结构、该企业机构享有的市场占有率，以及别的其他因素。这些因素中，任何单独一项均不足以作为衡量企业规模的依据。

假如是一个小型企业，那么其最高层的领导应当知道组织内的少数重要人物以及有关重要的项目该由谁落实，而不必查阅任何记录资料，也不必询问他人。高层管理者应该知道负责人的背景、过去担任的工作和工作的绩效如何；知道那个负责人能够做些什么，下一步该担任的是什么。当然，这表示该企业内这样的关键人物为数必然不多。所谓关键人物，不一定有什么职衔或占什么高位，通常不超过 12 人或 15 人。一般说来，12～15 人，就是一个普通人所能真正了解及熟悉的最多人数。

至于中型企业，从某些方面来说，应该是最常见的一类企业。中型企业的最高层领导，恐怕很难对组织内的每一位关键人物都能认识和熟悉。要能掌握组织内的关键人物，高层管理也许需要三五个人。在一般情况下，如果要问起一位中型企业主持人有关企业的重要业务，他大概会召集几位最密切的同僚，一同来回答问题。在一个中型企业里，对企业的绩效及成果负有关键性落实的人物，通常在 40 人至 50 人之间。

如果说一个企业，高层管理上有了那么一个小群体仍嫌不够，仍旧不能掌握企业内的关键人物，仍然不能知道他们是什么职位，他们从什么职位升迁上来，他们正在落实些什么工作，他们将来可能升迁何处，而必须为此再与别人商议，或必须查阅图表、记录，那该企业就是一个大型企业了。依据这项衡量标准，一家拥有上百个管理顾问师的管理顾问公司就是大型企业。

当然，这项衡量标准并不精确，但是这项标准却针对了企业规模的真正特性，即各种不同的规模所需的管理结构。

总之，高层管理者必须了解其本身的高层管理群究竟由多少人组成，必须制订高层管理的策略，建立高层管理的结构，以适应企业规模所需的落实方式。

一个企业机构的规模，究竟应该成为小型、中型还是大型，通常人们总以为一眼便能看出来，其实不然。事实上，有许多企业机构根本不知道他们本身应该是什么规模。因此，他们更不知道怎样配合他们的企业规模制定适当的策略和适当的落实系统了。

有很多企业，本来是一个小型企业，可是用上了太多的"幕僚"来担任与企业绩效和成果全然无关的"幕僚工作"。还有很多企业，本来是一个中型企业，可是却在边际业务、边际产品和边际市场方面，销蚀和浪费了太多的力量。还有一些企业，本来是一个大型企业，可是他们的高层管理却沉醉于幻想之中，以为他们是"一个和衷共济的小家庭"。

事实上，许多大型企业的高层领导人，都成了他们自己"幻想的奴隶"。他们说："整个机构里的每一个人，我全能叫出名字来。"或是说："我办公室的门永远是对所有人开着的。"这很对，也很亲切，但如果高层领导人不知道他们的企业是大型企业，心思不放在落实上，他们的企业也就没有了落实力。

2. 大型企业落实的关键

大型企业的高层管理团队人数较多，领导者无法像中型企业或小型企业一样能亲身认识组织内的每一位落实人员，无法和每位员工直接接触及共同工作，无法形成一个具有自律力量的落实群体。因此，杜拉克说："所谓大型企业，应该是一种'明确的'企业。"

大型企业的组织，必须具有"正式的结构""客观的结构"。凡是组织所需的各项关系、各项有关人事的情报及各项有关人力的运用等等，都必须融合于落实型的组织结构之中。也就是说，所有这些都必须是"明确"的，必须以规模为基础，以目标为基础，以具体的职位的定义及具体贡献的落实为基础，以一定的落实程序为目的。换言之，大型企业需要的是"明确"二字。

　　在大型企业机构中，人与人之间较难相识。谁也不能从自己的日常经验中了解其他人的职务，谁也不能了解其他人如何履行其职务，谁也无法接触到落实的"最后成果"。很多人不了解企业的目标与优势，不了解企业的策略与目的，不了解他们自己在组织结构中的地位及与别人的关系，以为遵循制度程序便是生产力。

　　因此，在大型企业中，有关管理者的落实职责最需要详审细思。

　　当然，许多大型企业有好几个不同的高层管理团队。因此，高层管理包括些什么业务，必须有明确的认定、说明和分配，使每一环节均有人落实。

　　大型企业的管理者，必须力求维系其与组织内有关落实人员的直接接触和面对面的接触，尤其是与团队内年轻一代的专业人员的接触——必须力求有机会与他们共聚一堂，听取他们的意见，协助他们集中视线于整个企业的目标与机会，协助他们跳出本岗位的职能和技术的局限。

　　人际关系培养，可以保持大型企业的灵活，建立协调合作的习惯，以避免形成官僚形态。这应该成为企业落实的主要任务之一。

　　一个大型企业机构，必须努力防止其本身陷于与世隔绝的境地。因此，大型企业高层管理团队的成员又增加了另一份落实责任——他们必须成为企业机构对外的"感觉器官"。

3. 中型企业的落实规则

中型企业的落实情况可以大致分为三种不同的类型。

①企业产品范围狭窄，只有一种技术或几种技术，只有一个市场或几个市场。

这一类型的中型企业，除了企业中关键人物的人数较多，不只由一位高层管理者掌握之外，无论从其他哪一方面看，基本上均等于是一家小型企业。

这种类型的企业最大的问题在于组织结构。其规模及复杂性均略大，非传统的职能式组织结构所能适应。此类中型企业在组织上所出现的问题，大抵均为职能式组织过度膨胀时所出现的落实不力，例如对新刺激的反应迟钝，倾向于"应付困难"而不是"主动落实"，以及在面对企业挑战时，常以职能专长的本位思想为基础，而不能以整个企业的方向与绩效为落实的依据等。

对于此类中型企业，高层管理的结构也往往是一大问题。这类中型企业，往往需要一个高层管理团队。可是，这类企业的高层管理，通常只是由个别领导独撑。因此，有必要建立一个高层管理团队，这样专人落实才能得到实现。

②企业由若干个营运自主的小型事业部门构成，其每一事业部门各有其本身的产品线，也各有其本身的市场，但各事业部门的基本经济性能彼此相同。

这种类型的中型企业，管理很有序。

这类企业的高层管理，一般以落实型团队组织的设计为基础。因为在这一类型的企业中，需要的高层管理团队往往不止一个。企业中的关键人物，也许同时兼为数个高层管理团队中的成员。其所属的每一个自主营运的部门，也各需有一个本身致力于落实的高层管理。部门的高层管理规模宜小，该部门的最高领导者即为该部门的"高层管理"。这位"高层管理"人，必须审慎思索本部门的关键性业务，并将每一项关键性业务分配给本部门的人员加以落实。

③由若干个别的事业部门构成的企业，各事业部门有其个别的市场，但在各事业部门之间有高度的相互依存性。

这类中型企业的组织存在两条坐标轴线。一条是整体的轴线：整个企业是一个统一的企业，有一个统一的系统，因此整个企业必须有一个强有力的、统一的高层管理队伍，尤其是必须有一个统一的企划队伍。另一条是个体的轴线：从个别部门而言，每一部门均各为一个营运自主的企业，但也互为一个彼此依存的企业。

因此，"公司级高层管理"必须视整个公司为一个单元，也必须以整个公司为一个单元的立场来落实，但其每一个部门又各为一个组织机构，每一个部门均必须自己独立运营。在这样一个"协力系统"中的个别部门，均不可能自视为仅是一个"成本中心"；均不可能仅以对其他"姐妹事业"服务与贡献为主旨，而没有其本身的落实成果。每一个部门均必须在其"本业界"争得一个地位，因此均必须有其本身的明确的企业目标，均必须了解其本身的关键业务，也均必须力求其本身的落实绩效。但是每一个部门也同时依赖于其他部门。因此，作为各部门的领导者，必须了解其他部门的落实情况，也必须关注其他部门。

4. 小型企业也需要一流的落实力

有不少人认为，小型企业各个方面都很简单，所以不需要有落实力。这种看法是不对的。实际上，小型企业不仅需要落实力，而且甚至比大、中型企业的需要更加迫切。

管理小型企业的第一项要务，就是认清本企业是什么企业，应该是什么企业？小型企业必须有一套落实系统显示出其本身的特点来。用生物学上的术语来说，小型企业必须为自己找到一个特殊的"生态位置"，建立起优势，经得起竞争。而落实力正是其最大的优势、最强的竞争力。

小型企业的第二项要务，在于将其高层管理的各项任务予以妥善安排，落实在组织与结构中。小型企业至多需要一两位管理者，以全部时间从事高层管理，而不问他务。但是事实上，大多数小型企业的高层人士都同时肩负着某些职能方面的责任，通常他们也的确需要肩负这类责任。正因为如此，小型企业才更需要认定什么是事关企业目标落实的关键性业务，从而将这些关键性业务都能一一交托于专人。否则，某些关键性业务便无从落实了。

大多数小型企业都以为他们已经知道了或已经照顾到了各项关键业务，但事实上并非如此。也许大家的确都谈到了关键业务，但是细究起来，并没有人在真正负责落实，因而将关键业务忽略过去了。也就是说，即使是小型企业，也必须建立一个"高层落实团队"——其成员大部分可以是"兼职"的。他们的主要任务，仍在于他们本身的职能方面的任务，但他们得兼负一部分落实的任务。在一个小型企业中，凡属管理阶层人士，都必须了解该企业有什么关键性业务，必须了解每一项关键业务有什么目标，也必须了解每一项关键业务由谁负责落实。

小型企业的资源有限，优秀的人力资源更是有限。因此小型企业不能不善用其人力。小型企业若未能明确认定其关键业务所在，未能明确分配责任，那么有限的人力资源的运用就难免分散。

小型企业的最高领导者必须掌握其部门中每一位主要负责人的信息，必须了解他们是否均已各有专职，是否已经分别负担了某一项目或落实某一问题的责任；必须了解其有限的资源所具的生产力，例如员工的生产力、资金的生产力及原料物料的生产力等。小型企业分级管理者必须了解其客户的分布情况以及这样的分布是否有为公司带来风险的可能。

同时，最高领导者还特别需要掌握有关公司财务方面的情报，特别是有关经营损益方面的情报。分级管理者应该掌握更多的情报，了解市场的实况，并将此反馈给最高领导者。

一个小型企业机构养不起一个庞大的管理组织，但是一个小型企业机构却不能因此而没有第一流的落实力。正因为小型企业养不起面面俱到的高阶层管理结构，所以才更应将其高阶层管理的各项落实职责予以妥善配置。

"我们不得不找到一种方式，将大公司的雄厚实力、丰富资源、巨大影响力同小公司的发展欲望、灵活性、精神和激情结合起来。"杰克·韦尔奇说。

韦尔奇的目标是将通用尽可能地精简，使它像小公司一样行动敏捷。但这只是韦尔奇在通用公司的一个改革。他首先处理了阻碍通用这个大机器运行的多层管理梯队。然后，他合并部门，以使它们像各个小公司一样行动。

在切除了官僚层和取消了高级经理的监控职能之后，韦尔奇制订了"倾力解决方案"，在向通用这个躯体中灌输小公司的思想上又迈出了大大的一步。虽然当时董事会并没有想到，但事实证明"倾力解决"是韦尔奇最重要的创见之一，在未来的几十年内对公司产生了巨大的影响。

对通用来说，像一家小公司一样采取行动看起来是自相矛盾的。但韦尔奇却认为小而灵活的公司有巨大的竞争优势：

第一，小公司的信息传递更畅通。由于没有官僚式的喧嚣和空谈，人们既可以畅所欲言，也可以静心聆听；而且由于人数少，互相认识、互相了解变得更方便。

第二，小公司行动得更迅速。而多部门牵制，在市场上犹疑不定是要付出代价的。

第三，小公司成果更显著。在小公司内，由于管理结构中层次较少，"伪装"较少，所以员工的表现好像一览无余地展示在屏幕上一样，他们的绩效及影响对任何人来说都是清清楚楚的。

第四，小公司浪费少。小公司由于人员较少，所以它们只做最重要的事情。人员可以自由地将他们的精力和注意力投向市场，而不是用于同官僚主义做斗争。

韦尔奇竭力宣扬小公司在速度上的优点。他说："由于更好的客户反响和基于生产周期缩短的更大的生产能力，速度快带来的不只是直接的商业利益，还有更大的现金流量、更高的盈利能力以及更广的市场份额。速度会使人兴奋、充满活力，这在商业界中的表现尤为明显。因为速度推进思想，使业务流程能迅速突破功能性的障碍，在冲向市场的洪流中，将官僚主义和它们带来的阻碍扫到一边。"

韦尔奇在 1992 年度致股东的信中写道："大多数小公司整洁、简单、不拘礼节。它们因为有激情而生气勃勃，它们嘲笑官僚主义。小公司因为有好的主意而成长，不论这些主意来自何方。它们需要所有的人，让任何人都参与其中，根据各人对赢取胜利做出的贡献来奖励或开除他们。小公司有远大梦想，而且目标定得很高——微小和部分的增长不能引起它们的兴趣。小公司里的任何一个人都了解客户，了解他们的喜好、厌憎和需求，因为客户是否竖起大拇指意味着小公司明天是否能成为一家大公司，或者完全消亡。这是一个非常简单的事情：小公司不得不每天面对市场中的现实，当它们行动时，动作必须要快，因为它们的生存是岌岌可危的。"

三、关注细节

1. 战略必须从细节中来，到细节中去

任何事情的完成都是由很多个细节组成的，战略目标的制定也不例外，因为它关系到最终的落实成效。要想使战略目标得以实现，就必须做到从细节中来，到细节中去。

（1）前期做得越细，战略定位越准确

战略目标的本质是抉择、权衡和各适其位。所谓"抉择"和"权衡"，就是每个战略目标制定前进行调研分析，以便做出最后决定的过程；"各适其位"就是对战略目标定下来以后的具体细节的落实过程。那么，这个前期的过程，拆开来看，就是对每一个细节的关注。

麦当劳在中国开到哪里，火到哪里，令中国餐饮界人士又是羡慕，又是嫉妒。可是有多少人看到了它前期艰苦细致的市场调研工作呢？

麦当劳进驻中国市场前，连续5年跟踪调查，内容包括中国消费者的经济收入情况和消费方式的特点，提前4年在中国东北和北京市郊试种马铃薯，根据中国人的身高体形确定了最佳柜台、桌椅的尺寸，还从香港将麦当劳成品空运到北京，进行口味试验和

分析。开首家分店时，在北京选了 5 个地点反复论证、比较。最后麦当劳进军中国，一炮打响。

麦当劳在中国的成功，在很大程度上就是关注细节的功劳。

（2）再好的战略计划，也必须落实到每个细节中

好的战略计划只有落实到每个细节中，才能发挥作用，也就是前面所说的"各适其位"。

海尔、联想为什么可以成为中国科技产业的"领头羊"，就是因为他们的中层管理者、一般员工对公司的战略目标进行细分，并落实到位。

对于我们个人而言，如果我们每个人能把自己岗位上的事情方方面面都做到位了，每个团队把团队的事情方方面面都做到位了，企业的战略目标也就能很好地实现了。

战略和战术、宏观和微观是相对的，战略一定要从细节中来，再回到细节中去；宏观一定要从微观中来，再回到微观中去。

2. 秒针走得不准，时针就无法走准

一个计划的成败不仅仅取决于设计，更在于落实。如果落实得不好，那么再好的设计，也只能是纸上谈兵。唯有落实得好，才能完美地体现出设计的精妙，而落实过程中最重要的在于细节落实。

比如，对于营销来说，一个营销方案能否取得预期效果，就还原创意和实现创意的过程而言，落实过程中的细节绝对是重中之重。

丰田汽车公司的社长丰田英二曾说："丰田汽车最为艰巨的工

作，不是汽车的研发与技术创新，而是生产流程中技术工人对一根绳索不高不矮、不偏不倚、没有任何偏差的摆放和操作。"这说的就是细节对于汽车制造的重要性。

2003年2月1日，美国"哥伦比亚"号航天飞机返回地面途中，在着陆前意外发生爆炸，飞机上的7名宇航员全部遇难，全世界为之震惊。美国宇航局负责航天飞机计划的官员罗恩·迪特莫尔辞职。此前，他在美国宇航局工作了26年，并担任了4年的航天飞机计划主管。

事后的调查结果表明，造成这一灾难的凶手竟是一块脱落的隔热瓦。

"哥伦比亚"号航天飞机表面上覆盖着2万余块隔热瓦，能抵御3000摄氏度的高温，以免航天飞机返回大气层时外壳被高温所熔化。1月16日，"哥伦比亚"号升空80秒后，一块从燃料箱上脱落的碎片击中了飞机左翼前部的隔热系统（宇航局的高速照相机记录了这一过程）。

应该说，航天飞机的整体性能等很多技术标准都是一流的，但因为一小块脱落的隔热瓦就毁灭了价值连城的航天飞机，还有无法用价值衡量的7条宝贵的生命。我们不能不深思。

在落实环节上，不仅要细节细致到位，还要注重落实过程中的创新与突破。落实环节的创新虽然与整体方案的创新相比更加细微，但这细微之处有时更能显现效果。